기억

"지속과 소멸의 이중주"

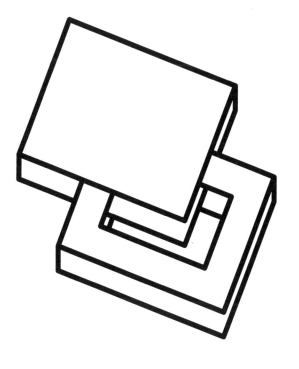

기 억

서길완 지음

은행나무

들어가며

1장   기억과의 전쟁

2장   기억의 누수와 복원

3장   누수된 기억을 어떻게 통합할 것인가?

4장 망각의 가치, 그 필요성

나가며

들어가며

기억 강박 시대의 풍경

우리 누구나 매일 조금씩 무엇인가를 잊어버리고 산다. 인간의 기억력엔 한계가 있기 때문이다. 우리는 그 사실을 너무 잘 알고 있으며, 한편으로는 그것이 마땅하다고 생각한다. 그러나 다른 한편으로 우리는 망각을 기억의 부패나 소실로 여기며 속상해하거나 안타까워한다.

《디지털 혁명의 미래》를 쓴 고든 벨과 짐 갬멜은 인간이 망각을 극복하게 될 날이 머지않았다고 주장한다. 물론 모든 것을 기억하는 토탈리콜total recall의 시대가 인간에게 장밋빛 삶을 제공해줄 것이라는 예단과 함께 말이다. 그들이 보기에 완전 기억의 시대는 이미 진행되고 있다. 디지털 카메라, 컴퓨터, 스마트폰, 그리고 디지털 감지 및 기록 장치들이 별다른 노력 없이도 일상의 많은 부분을 기록하고 있다는 점에서 그렇다는 것이다. 게다가 디지털 자료를 저장하는 비용이 나날이 저렴해지고 또 그렇게 저장된 자료들이나 정보들에 접근하는 속도까지 기하급수적으로 빨라지고 있으니, 우리 인간의 매우 사소한 것도 망각의 강으로 흘려보낼 일이 그만큼 줄어들지 않겠는가?

실제 이 글을 쓰고 있는 지금, 나는 기억이 달아나지 않도록 최대한 빨리 생각을 컴퓨터에 옮겨놓거나 펜으로 쓴 필기를 그대로 보관하기 위해 휴대폰 카메라로 찍는데 여념이 없다. 디지털 장치로 기록된 이 자료들은 시간이 흘러도 소멸되지 않는, 그리고 필요하면 언제든 꺼내서 볼 수 있는 나의 확장 기억이 될 것이라고 믿어 의심치 않으면서 말이다. 지금 추세라면 앞으로 기억 장치들이 보다 눈부시게 발전될 것임에 틀림없다. 그렇다면 우리가 보고 듣고 행동하는 거의 모든 것의 기록이 과연 우리 인간에게 장밋빛 미래를 가져다줄까? 보다 혁신적인 '전자 기억 혁명'의 시대가 도래하기 전에, 소위 '기억 강박의 시대'로 진단된 우리 시대의 기억 풍경부터 살펴볼 필요가 있다.

①

기억과의 전쟁

기억과의 사투

나는 일상에서 일시적인 기억의 증발과 기억의 오작동으로 인한 곤란을 종종 경험한다. 그런 일들은 여기서 나열할 수 없을 정도로 많지만, 최근 얼굴이 붉어질 만큼 황당한 사건이 있었다.

나는 가끔 집 근처에 있는 도서관에 가서 책을 읽고 글을 쓰곤 한다. 황당한 사건은 바로 그 도서관에서 벌어졌다. 정신을 집중해서 책을 읽고 있는데 휴대폰 진동이 울렸다. 받아보니 도서관 관리실 직원으로부터 온 전화였다. 지갑 하나를 습득해서 보관 중이니 확인하고 찾아가라는 것이었다. 순간 화장실에 손을 씻기 위해 물기 없는 구석에 지갑을 올려놓은 것이 기억났다. 지체 없이 관리실로 달려가 내가 화장실에서 빨간색 중지갑을 놓은 주인이라고 말하며 지갑을 돌려달라고 했다. 그러자 직원은 의심에 찬 눈빛으로 이것저것 묻기 시작했다. 그리곤 책상 서랍에서 청록색 장지갑을 꺼내들며 "본인 것이 맞나요?"라고 재차 확인하는 것이었다. 그제야 내가 그날 도서관에 가져간 지갑은 빨간색 중지갑이 아닌 청록색 장지갑이었다는 사실을 깨닫게 되었다.

그 지갑 속에 나를 증명하는 객관적이고 확실한 신분증들이 없었더라면 그날 나는 꼼짝없이 파렴치한 사람으로 몰렸을 것이다. 도서관에 책도 읽고 공부하러 온 평범한 사람에서 남의 지갑을 자기 것으로 만들려는 사람으로 말이다. 그간 일시적인 기억의 증발로 인해 많은 황당한 일이 있었지만, 그날 도서관에서 범한 낯 뜨거운 실수는 지금 돌이켜봐도 화가 난다. 나는 여전히 그 도서관에 자주 가고, 또 관리실 직원을 봐야 한다. 의심이 완전히 가시지 않은 얼굴로 지갑을 내밀던 직원의 모습에서 내 정체성이 심하게 오염되었음을 감지하는 것은 그리 어려운 일이 아니었기 때문에, 나는 내 기억의 일시적인 증발과 오작동을 원망하지 않을 수 없었다.

2011년 12월 17일에 방송된 SBS 〈그것이 알고 싶다〉에서는 '기억과의 사투'라는 주제를 가지고 치매나 알콜 또는 약물 중독도 아닌 사람들이 순간적으로 기억을 잃는 사례들이 소개됐다. 특히 부산 영도 경찰서에 찾아와 자기가 누구인지 모르겠다고 말하며 자신이 누구인지 찾아 달라고 하소연하는 한 남성의 이야기는 충격적이었다. 그는 자기가 누구인지, 어디에 사는지, 가족은 있는지 등 자신에 대해 알고 있는 것이 아무것도 없었다. 그런가 하면 유사한 시기에 일어난 다른 사건들도 이 남성의 이야기만큼 놀랍다. 서울 시내에서 5톤 트럭이 역주행해 일으킨 7중 추돌 사고와 정복 차림의 경찰관이 사람들이 다 보는 가운데 차량을 절취해 달아난 사건으로, 이 두 사건의 공통점은 트럭 운전자와 경찰관 모두 사건의 순간을 전혀 기억하지 못한다는 것이었다.

　이는 상식적으로 쉽게 납득되지 않는 일이다. 하지만 이들은 실제로 아무것도 기억하지 못하고 있기 때문에, 이 비상식적인 일은 납득해야만 하는 일이 되었다. 이에 대해 전문가들은 "뇌의 특정 부위에 있는 세포의 어떤 기능이 지나치게 활성화되어 기억이 없어지고 본인도 모르는 사이에 다른 말을 하는 것"이라고 설명했다. 또한 "우리 뇌 속에 있는 해마가 제대로 작동하지 못할 경우 이런 기억장애가 일어날 수 있다"라고 덧붙였다. 해마란 인간의 뇌에서 기억의 저장과 상기에 중요한 역할을 하는 기관이다.

　그렇다면 해마에 아무 이상이 없는 사람에게 기억장애가 발생하는 것은 어떻게 설명할 수 있을까? 〈그것이 알고 싶다〉에서는 치명적인 병에 걸리거나 대형 교통사고와 같은 큰 사고를 겪지 않았음에도 기억의 증발을 호소하는 사람들에 대한 문제, 더군다나 별다른 뇌의 문제가 없는 한 기억장애가 거의 발생하지 않는다고 여겨지는 30~40대의 젊은 연령층에서 극심한 기억의 오작동을 경험하고 있는 사람들에 대한 문제의 심각성을 인식해야 한다고 경고한다.

　2011년 4월에 방영된 〈KBS 사이언스 대기획 인간 탐구—기억〉에서도 비슷한 문제를 다루었다. 여기서 알츠하이머성 치매, 알콜성 치매, 워킹맘과 주부의 건망증, 40대 실직 후 찾아온 건망증과 20대 의대생의 기억력 감퇴, 그리고 디지털 치매 등 현대사회에서 발생하고 있는 다양한 기억장애를 소개하고 있다. 이 프로그램에서 말한 대로 "기억상실"의 시대인 것이다.

그런데 흥미로운 점은 뇌의 실제 손상이 없는 기억장애의 원인 및 해결책과 관련해서 이들 매체들이 공통적으로 주목한 것은 현재 그들이 직장에서 겪고 있는 극심한 스트레스와 동시에 여러 일을 처리해야 하는 '멀티태스킹'의 함정이었다. 심각한 기억장애를 앓고 있는 사례자들은 무한 경쟁의 전쟁터에 내몰려 대부분의 시간을 직장에서 보내고 있었는데, 이로 인한 스트레스와 우울증 때문에 건망증과 기억력 감퇴가 심해지고 있다는 것이다. 전문가들은 순간의 기억을 잃거나 기억의 오작동이 발생하는 기억장애를 예방하기 위해서 스트레스를 줄이고 한 가지 일에 집중하는 습관을 기르는 것이 중요하다고 한목소리로 강조하고 있다.

신비로운 기억 능력?

그런데 기억장애와 사투를 벌이는 절박한 사람들이나 건망증으로 소소한 곤란을 겪는 나와 같은 사람들이 의

단테 가브리엘 로세티, 〈므네모시네〉(1875~1881)

예술적 영감과 학문적 재능의 어머니

기억을 관장하는 므네모시네는 제우스와 예술과 학문을 관장하는 아홉 명의 무사이(뮤즈)들을 낳는다. 무사이들은 저마다 서사시, 연극, 찬송가, 서정시, 춤, 역사, 천문학 등을 관장하고 있는데, 문자가 없던 고대 그리스에서는 예술과 학문의 전승이 오로지 기억에 의존할 수밖에 없었던 것과 연결할 수 있다.

외로 많은 듯하다. 교양서, 잡지, TV 등 다양한 매체들에서 기억력을 높이는 온갖 음식, 의약품, 건강 보조 식품과 요법들이 소개되고 있기 때문이다.

기억의 보존과 증진을 위해 전문가 및 유사 전문가들이 한결같이 권하는 방법은 뇌의 원활한 활동을 위헤서 스트레스를 줄이고 충분한 수면을 취함으로써 뇌를 쉬게 하라는 것이다. 보다 최근에는 디지털 치매와 알츠하이머 등의 기억장애와 뇌 질환에 대한 우려와 사회적 관심 때문에 의학·과학 쪽에서는 다양한 뇌 훈련 프로그램과 TMS* 같은 치료 방법들을 제시하고 있다. 한편으로는 유익한 효과가 정확히 검증되지 않은 채 소비자 신뢰 지수에만 의존해서 팔리는 건강 보조 식품이나 의약품들이 넘쳐나고 있는 실정이라고 한다. 미국에서 연간 대략 2억 5000만 달러의 매출을 올린다는 혈액순환 개선제 '징코 빌로바'가 기억력 증진에 효과가 있다는 대표적인 건강 보조 식품이다.

신체를 강화해서 기억력을 증진하려는 이 모든 노력이 기억이 더 강하고 오래가길 열망하는 우리의 바람, 달리 말하면 우리의 과거 정보가 망각되지 않기를 원한다는

* Transcranial Magnetic Stimulation(경두개 자기 자극) 자기장을 이용하여 외과적인 시술 없이 비침습적으로 진행하는 뇌 자극 기술로, 두피에 전자기 코일을 씌우고 전류를 흘려보내 뇌세포를 자극한다.

사실을 보여주는 증거다. 그런데 과연 우리의 기억이 그래야 할까? 제발 잊히기를 간절히 바라는 기억과 경험은 없을까? 앞으로 살펴보겠지만 트라우마적 경험 같이 망각(?)함으로써 도움이 되는 경험이 있는가 하면, 일상의 사소하고 세부적인 사항들을 일일이 기억해서 오히려 기억이 우리의 삶을 방해하는 경우도 있다.

1968년에 발표된 러시아의 저명한 신경심리학자 알렉산드르 로마노비치 루리야의 저서 《모든 것을 기억하는 남자》는 우리의 상상을 구체적인 현실로 보게 하는 실례를 제공하고 있다. 루리야의 연구 대상 S는 지나치게 완벽한 기억력 때문에 일상생활이 거의 불가능했다. 가령 책에서 어떤 궁전에 대한 묘사를 읽을 때면 다음 문장으로 넘어가기도 전에 그의 머릿속에 궁전과 관련된 모든 기억들이 이미 들어서버려, 그에게 궁전이 더 이상 궁전이 아니게 되어 그 맥락과 들어맞지 않게 된다. 그는 "내가 어떤 궁전에 대한 묘사를 읽고 있으면 무슨 이유에서인지 그 큰 방들이 항상 내가 어려서 살던 아파트 방으로 변해버린다"고 고백한다. 결국 전체적인 맥락과 상관없이 궁전에 대한 세부적인 기억으로 빠져든 S는 언제 다시 그 궁전이 있는 문장으로 돌아와 다음의 문장으로 옮겨 갈지 모르게 된다. 물론 S의 사례는 극히 예외적인 경우에 속한다. 그러나 S의 수준까지는 아니더라도 우리도 가끔 잡다

한 기억에 사로잡혀 당장 해야 할 일을 방해받는 경험을 하지 않는가. 무조건 더 많이 기억하는 것이 과연 좋은 일일까?

기억력 증진과 강화를 위해 스트레스를 줄이고 충분한 수면을 취하며, 또 기억력 향상을 위한 보조제를 먹고 기억력 강화 훈련을 받으면 기억과의 불편하고 힘겨운 전쟁들을 멈추고 평화롭게 살 수 있다고 말하는 것은 단편적인 접근이다. 이런 생각들은 다양한 기억장애를 비롯해 우리 주변에서 발생하는 납득되지 않는 다양한 기억의 문제를 단순히 뇌의 작동 문제로 치부하는 것에서 기인한다. 기억의 문제를 뇌의 문제로 환원하는 접근 방식은 과거 경험이 뇌의 한 부분에 저장되어 처리되는 컴퓨터와 같다고 여기는 고전적인 기억 관념에 의거한 것이다.

흔히 우리는 '메모리가 꽉 차서 더 이상 들어갈 데가 없어', '나에게 업그레이드가 필요해'라고 말한다. 인간의 뇌를 컴퓨터에 비유해서 하는 말이다. 이런 관점에서 보면 인간의 뇌는 자체적인 운영체제와 소프트웨어를 갖춘 하드 드라이브에 비유할 수 있다.* 인간의 뇌와 컴퓨터는 둘다 출력 시스템을 갖추고 있고, 정보를 받아들여 처리하고 저장한 다음 다시 끄집어낸다. 고의로 삭제 키를 누르거나 실수 또는 사고로 삭제 키가 눌리지 않는 한 과거의 모든 것은 고스란히 하드웨어, 곧 뇌 속에 자리 잡은 채 리콜될 때까지 대기하는 것이다. 만일 기억의 특정한 조각을 되불렀는데도 응답이 없다면, 그것은 그 조각이 거기 없기 때문이 아니라 정확한 키를 누르지 않았거나 정확한 회상 단서를 찾아내지 못했기 때문이다.[**] 시간이 조금 지체될 뿐이지 다시 찾으면 된다.

기억의 역습

그러나 기억에 대한 많은 연구들은 기억이 우리가 생각하고 믿는 것과 많이 다를 뿐 아니라 심지어 우리의 일반적인 믿음을 배반한다고 말한다. 기억이란 우리의 직접적인 경험이 뇌의 특정 부위에 정상적으로 기입된 것이나 필요할 때 언제든 의식의 저장고에 접근해서 꺼내올 수 있는 대상이 아니며, 외부 경험이 새겨지는 순간들과 그것을 되가져오는 일이 나의 의지에 따라 순차적으로 수행되는 것도 아니라는 것이다.

[*]   마사 와인먼 리어, 《안녕하세요, 기억력》, 박종성 옮김, 웅진지식하우스, 2008 참조.

[**]   물론 뇌를 기계에 연관시키는 은유는 우리가 일상에서 자주 사용하고 있지만, 학계에서는 많은 컴퓨터 과학자, 일부 심리학자와 인지 과학자, 그리고 몇몇 철학자들이 채택하고 있으며, 다수의 신경 과학자들이 적극적으로 지지하는 것은 아니다.

기억을 담당하는 뇌의 특정 부분에 손상을 입은 사람들이나 S와 같이 엄청난 기억력을 가진 사람들은 말할 것도 없고, 끔찍한 경험이 몸에 각인되어 자기도 모르게 몸 기억을 반복하는 트라우마 피해자들도 있으며, 분명히 체험한 사건들이 깡그리 사라져서 찾을 수 없는 경우도 있다. 이들은 기억이 존새하는 다양한 방식을 보여준다. 여기서 주체는 컴퓨터의 중앙처리장치에 해당되는 우리의 뇌(의식)가 아니다. 예를 들어 내가 무엇인가를 떠올릴 때 능동적으로 생각해내지 못하는 상황이 벌어지곤 한다. 오히려 도래하는 기억에 속수무책으로 당하는 것이다.

심지어 우리가 생각했던 일반적인 기억의 관념을 완전히 배반하는 경우도 있다. 진짜 우리가 경험한 과거라고 믿는 기억에 역습을 당하는 경우가 여기에 해당된다. 제임스 디즈James Deese가 처음 수행하고 헨리 뢰디거 Henry Roediger와 캐슬린 맥더못Kathleen McDermott이 발전시킨 실험이 이를 잘 보여준다. 이 실험에서 피험자들은 '실', '핀', '바느질', '뾰족한', '침', '가시', '골무'와 같은 단어들이 포함된 목록을 읽는다. 그런 다음 '바늘'이라는 단어가 포함된 전혀 다른 목록을 받고, 이 두 번째 목록이 있는 단어들이 원래의 첫 번째 목록에 있었는지에 대한 질문에 답한다. 실제로는 두 목록에 동일한 단어가 없었음에도 대부분의 피험자들은 '바늘'이 첫 번째 목록에 있었다고 확신했다.

실험심리학자이자 워싱턴 대학의 심리학 교수인 엘리자베스 로프터스는 우리의 기억이 아주 사소한 암시에도 오염될 수 있는 매우 취약한 성질을 가지고 있다는 것을 입증하는 수많은 실험들을 했다. 그중 간단한 실험을 예로 들어보자. 로프터스와 동료 연구자들은 사람들에게 차 한 대가 정지 신호에서 멈춘 후 사고가 난 것과 관련된 영상을 보여주었다. 그 사건을 목격한 사람들 중 일부는 차가 정지 신호에 멈추고 난 뒤 무슨 일이 벌어졌는지를 묻는 질문을 받고, 다른 사람들은 오해를 불러일으키는 암시가 포함된 질문을 받는다. "차가 양보 신호에서 멈췄을 때 무슨 일이 일어났나요?" 다음에 모든 사람들이 차가 정지 신호에서 멈춰 섰는지 아니면 양보 신호에서 멈춰 섰는지를 묻는 질문을 받았다. 오도된 질문을 받은 사람들은 대체로 '양보 신호'를 보았다고 기억했다. 이 실험 결과를 통해 로프터스는 판단을 흐리게 하는 사소한 암시 하나가 실험에 참가한 사람들의 '정지 신호'에 대한 기억을 지웠다고 결론을 내렸다.

이런 연구 결과들이 사소해 보일지도 모르겠다. 하지만 중범죄 사건의 재판에서 '바늘'이라는 단어나 신호등의 색깔이 결정적인 단서가 되는 경우를 상상해보라. 그때에는 이 연구 결과들의 의미가 결코 가볍지 않을 것임을 짐

작할 수 있다. 작은 암시나 힌트로 인해 잘못 기억된 정보 하나가 돌이킬 수 없는 비극을 초래할 수 있다.

과거와의 사투가 벌어지는 현장들

안타깝게도 이런 비극이 현실화된 사건이 있었다. 1989년, 에일린 프랭클린이라는 여성이 자신의 아버지 조지 프랭클린을 경찰에 고발했다. 20년 전인 1969년에 자신의 어릴 적 친구였던 수전 네이슨을 살해했다는 이유에서다. 1991년 1월, 아버지 프랭클린은 1급 살인이라는 배심원의 유죄 평결을 받고서 무기징역형을 선고받았다. 20여 년 동안 기억에도 없던 끔찍한 사건이 어느 날 갑자기 딸의 기억 속에 떠오르는 바람에 한 가정의 가장은 살인범으로 전락한 것이다. 이 엄청난 사건에 대해서 딸이 제시한 증거라고는 20년 만에 회복한 그녀 자신의 기억뿐이었다.

고발 당시 에일린의 부부 생활과 가정경제는 위기 상태였다. 에일린은 심리적으로 불안하고 우울한 마음을 치료하기 위해서 심리 상담을 받으러 갔다. 그곳에서 최면술을 비롯해 심리 치료를 받는 도중 끔찍한 폭력과 살해 장면들을 기억해냈다. 여러 차례의 치료를 받은 끝에 에일린은 자신이 떠올린 장면이 20년 전 친구가 죽는 순간이었다

윌리엄 호가스, 〈잘못된 원근법에 대한 풍자〉(1754)

사물을 시각적으로 인지하는 과정을 교란하는 그림

18세기 영국의 대표적인 풍자화가 윌리엄 호가스는 이 그림에 "원근법에 대한 지식이 없이 디자인을 하면 이 그림에서처럼 모순된 표현을 만들어내기 쉽다"라는 부제를 붙였다. 언뜻 보면 그림에 아무 문제가 없어 보이지만, 다른 부분들과 함께 살펴보면 현실에선 불가능한 오류를 스무 가지 찾아낼 수 있다.

는 것을 깨닫고 그제야 신고를 할 수 있었다는 것이다. 에일린은 수전 살해 사건 말고도 도저히 상식적으로 납득이 되지 않는 다른 두 건의 성 학대 사건과 자신에 대한 아버지의 성추행 장면까지 떠올렸다.

확실한 물증 없이 에일린의 '회복된 기억'만으로 아버지 프랭클린에게 일급 살인 유죄 평결이 내려졌고 무기징역이 선고되었다. 아버지 프랭클린은 결백을 주장했지만 그의 주장은 받아들여지지 않았고, 그 일 때문에 그는 수년간 감옥에서 지내야 했다. 그러나 아버지의 범행을 기억하기 전에 딸 에일린이 남편과의 불화로 심리 상담소를 찾아서 최면 치료를 받았다는 사실과 그녀의 증언에 일관성이 없다는 것이 하나씩 밝혀지면서, 연방법원에서 진행된 항소심에서 원심이 뒤집혀 재심 결정이 내려졌다. 이후 재수사를 통해 발견된 DNA 검사 결과를 비롯한 다른 증거들은 아버지 프랭클린의 결백을 증명해주었고 그의 알리바이도 확실해졌다. 결국 아버지 프랭클린은 무죄로 석방됐다. 프랭클린의 변호사는 이렇게 말했다고 한다. "조지는 6년 7개월 4일 동안 수감되어 있었습니다. 완전한 코미디이자 비극입니다."

영화에서나 나올 법한 이 이야기는 1980~1990년대 미국 사회를 발칵 뒤집어놓았던 이른바 '기억 회복 운동 recovered memory movement'이 양산한 극적인 사례들 중

하나다. 당시 이런저런 문제들로 상담을 받기 위해 심리 치료사를 찾아갔던 많은 여성들은 에일린처럼 치료를 받던 중에 어린 시절 부모나 남자 형제와 친인척들로부터 성학대를 당한 기억을 되찾은 경우가 많았다. 대개 상담 이후 여성들은 기억 속의 가해자들을 고발했다. 당시 100만 명 이상의 사람들이 어린 시절 성폭행이나 성추행 기억을 '회복'했다고 알려지고 있으며 부모 및 친척인 가해자에 대한 뒤늦은 법적 소송이 줄을 이었다고 한다. 하지만 재판은 쌍방 모두에게 고통을 안겨주었고, 재판이 진행되는 동안 가정은 풍비박산 나거나 회생 불능의 상태가 되었다. 고발당한 대부분의 사람들은 항소심에서 무죄가 밝혀졌지만 이미 가정은 회복될 수 없을 만큼 무너진 뒤였다.

엘리자베스 로프터스는 이 비극적 사건을 낱낱이 파헤친 충격적인 저서 《우리의 기억은 진짜 기억일까?》*에서 기억을 회복했다고 주장한 환자들은 사실 억압되었던 기억을 되찾은 것이 아니라 심리 치료 과정 중에서 행해진 최면과 암시, 기억 회복을 목표로 하는 치료 모임 활동, 기억 회복을 다루는 토크쇼, 그리고 어린 시절 주변 어른들로부터 들었던 소문이나 신문을 통해 얻은 정보 등을 활용

---

* 이 책의 원제는 '억압된 기억의 신화The Myth of Repressed Memory' 이다.

해서 기억을 조작한 것이라고 이야기한다.

그런가 하면 앞의 사례와는 반대로 확실하게 존재했던 과거가 순식간에 증발되는 경우도 있다. 어떤 사람에게 또렷하게 각인된 과거 사건을 다른 사람들이 부인하고 부정할 때, 기억의 진실과 진정성을 둘러싼 논쟁은 단순한 진위 논쟁을 넘어 생명을 건 유혈 전쟁이 되기도 한다.

실화를 바탕으로 한 영화 〈도가니〉는 바로 이 같은 기억 전쟁이 벌어지는 현장을 적나라하게 보여준다. 장애인을 위한 시설인 인화학교에서 벌어진 장애인 아동 성폭행은 인간의 기본적인 상식으로는 이해가 가지 않기 때문에 '설마'로 통하는 일이었다. 피해를 입은 어린 학생들이 아무리 울부짖고 자기 경험을 이야기해도 그들의 이야기는 들리지 않는 절규에 지나지 않았다. 아이들의 비명소리는 소위 '빽' 있고 돈 있는 가해자들인 학교 이사장과 그의 공모자들의 말에 가로막히고 짓눌려 그들의 마음속 깊이 파묻혀버렸다. 아이들의 가슴에 파묻힌 비명은 그들 자신에게만 들릴 뿐 그 누구에게도 전달되지 않는 뼈아픈 메아리가 되었다. 새로 부임한 젊은 선생님이 아이들의 비명과 절규에서 성폭행의 단서를 발견하고 진실을 밝히려 했을 때, 그들의 아픈 과거는 사건을 부인하는 사람들 사이에서 이미 없는 이야기가 되어버렸다. 그 일에 가담한 모든 사람들이 그날의 기억을 일부러 피하거나 왜곡하여 그동안 아이들에게 자행된 끔찍한 학대가 존재하지 않게 된 것이다. 따라서 아이들의 고통 경험과 상처도 함께 증발하고 없다. 가해자들과 그들의 말을 신뢰하는 사람들 사이에 블랙홀로 자리한 피해자 아동의 이야기를 복원하는 일은 개인들의 의지만으로 해결되지 않는 사투가 되어 버린 것이다.

요컨대 기억이란 때로 스스로 통제할 수 없으며 나의 의사와는 상관없이 나의 신체에 습격해오는 것이기도 하고 순식간에 나에게서 빠져나가는 것이기도 하다.* 그런가 하면 개인적인 기억이 공적인 것과 얽혀서 나의 힘만으로 해결하지 못하는 기억의 문제들도 산적하다.

이처럼 기억은 우리가 생각하는 것보다 훨씬 더 복잡하고 다양한 방식으로 존재한다. 경험되는 순간들부터 기억이 도래하는 순간에 이르기까지 모든 기억의 과정을 우리가 통제할 수 있다는 믿음을 깨지 않으면, 기억과의 소소한 전쟁을 치르고 있거나 혹은 기억과의 사투를 벌이는 사람들의 문제 해결을 보다 어렵게 만들 수 있는 것이다. 기억이 존재하는 서로 다른 방식을 이해하지 못하면 뇌 과학 기술로 해결하지 못하는 기억의 문제 혹은 상식적으로 쉽게 납득되지 않는 기억장애, 특히 기억의 상실

* 오카 마리, 《기억 서사》, 김병구 옮김, 소명출판, 2004 참조.

(증발)과 오류의 종류는 훨씬 늘어나지 않겠는가? 그만큼 기억과의 싸움이 처절한 사투가 될 위험이 커지지 않을까?

②

기억의 누수와 복원

기억의 가치

우리는 평소 기억의 중요성을 자각하지 못한다. 공기가 부족할 때 새삼 공기의 소중함을 느끼듯, 기억에 장애가 발생할 때에야 그 중요함을 깨닫게 된다. 공기처럼 기억은 늘 우리와 함께 있기 때문에 기억의 중요한 역할이 무엇인지 잘 모른다. 그런데 기억은 단순하고 일상적인 일을 할 수 있게 하는 것에서부터 자기를 인식하고 세계와 관계를 맺게 하는 것까지 나와 나의 삶, 그리고 세계를 직조하고 구성하는 데 중추 역할을 한다. 기억은 삶의 연속성을 유지해주고 매 순간이 과거로 구성되는 현재에 의미를 부여한다. 그러므로 현재의 내가 누구인지를 확인하는 수단으로 기억은 핵심적인 요소라고 할 수 있다.

우리에게 기억이 없었다면 우리에게 있는 것은 텅 빈 공백이거나 다른 누군가가 남긴 자국일 것이다. 따라서 미국의 심리학자이자 작가인 로렌 슬레이터는 저서 《스키너의 심리상자 열기》에서 기억이 우리를 하나의 종species으로서 만드는 것이자 일관된 진정성을 느끼게 하는 것이라고 말했다. 사실 이렇게 설명해도 기억의 중요성이 어느 정도인지 실감 나지 않을 것이다.

그렇다면 기억장애로 인해 삶의 연속성이 끊어지고 심지어 자신의 정체성까지 잊게 되는 상황을 극적으로 보여주는 드라마와 영화들이 도움이 될 수 있겠다. 가령 영화 《환상의 커플Overboard》(1987)을 보자. 이 영화는 우리가 흔히 드라마나 영화를 통해 접하는 전형적인 기억상실 시나리오를 극화하고 있다. 주인공 조안나는 요트에서 떨어져 머리를 부딪혀서 기억을 잃은 뒤 극적인 인격 변화를 겪는다. 사고 이전의 그녀가 부유하고 철없는 사교계의 명사였다면, 기억을 잃은 뒤에는 마음이 따뜻하고 사랑스러운 성격이 된다. 사실 기억 상실을 모티브로 하는 시나리오는 수십 편의 다른 영화에서도 나타난다. 영화 '본' 시리즈(《본 아이덴티티》(2002), 《본 슈프리머시》(2004), 《본 얼티메이텀》(2007) 등)의 주인공인 제이슨 본 역시 자기가 누구인지를 알기 위해서 자신의 과거 행적을 추적하는 인물로 유명하다.

기억상실로 인해 정체성을 잃거나 인격이 변해 고통받는 영화 속 인물이 이들뿐이겠는가. 앞선 사례들과 달리 기억을 잃은 후에도 자기 정체성을 보유하고 있거나 사고 이전의 기억을 갖고 있는 경우도 있다. 로맨틱 코미디 《첫키스만 50번째》(2004)를 보자.

이 영화의 남자 주인공 헨리는 낮에는 수족관의 동물을 진료하는 친절한 수의사지만, 밤에는 하와이를 찾은 여자 관광객을 물색하는 소문난 바람둥이로 통한다. 진실한 사랑은 자신의 인생에 방해만 된다고 굳게 믿고 있던 그를 단번에 변화시키는 사건이 발생한다. 해변에서 우연히 만난 루시와 첫눈에 사랑에 빠진 것이다. 헨리는 노련한 작업 솜씨를 발휘해서 그녀와의 첫 데이트 약속을 받아내는 데 성공한다. 하지만 정작 데이트 당일, 그녀를 만나 반갑게 인사를 건넨 헨리는 오히려 파렴치한으로 몰린다. 그녀가 어제 일은커녕 그조차 기억하지 못했기 때문이다. 알고 보니 루시는 1년 전 교통사고로 엄마를 잃었고, 그 충격으로 기억이 24시간 동안만 지속되는 단기 기억상실증에 걸렸던 것이다. 그럼에도 헨리의 뛰어난 연애 기술로 둘은 곧 사랑에 빠지게 된다.

문제는 둘이 매일 만나서 사랑을 확인하지만, 다음 날이면 헨리가 누구인지조차 기억하지 못하는 루시에게는 사랑의 유통기한이 하루뿐이라는 점이다. 비록 단 하루지만 그녀의 완벽한 연인이 되기로 결심한 헨리는 매번 새로운 데이트를 위해 갖가지 기상천외한 기억 연상술을 발휘하고, 결국 결혼에 골인한다.

이로써 헨리는 평생 동안 매일 그의 존재를 확인시켜야 하는 운명에 처하게 되었다. 그 문제를 해결하기 위해 헨리가 고안해낸 방법은 매일 아침 먼저 일어나 루시의 머리맡에 둘의 만남에서부터 결혼에 이르는 과정을 기록한 비디오테이프를 놓아두는 일이었다. 만약 그 테이프가 없다면 루시와 헨리의 삶은 존재하지 않는 것이나 다름없다. 헨리의 존재는 물론 헨리를 사랑했던 연인도, 그를 사랑하

영화 〈환상의 커플〉 중에서

전혀 다른 인생에서 태어난 전혀 다른 인격

수고비를 떼먹은 고약한 고객 조안나가 기억을 잃은 채 가족을 찾고 있다는 사실을 알게 된 딘은 수고비 대신 집안일을 시키겠답시고 남편 행세를 해 병원에서 조안나를 데려온다. 공백 상태인 조안나의 기억에 홀로 아이 넷을 키우는 성실한 딘의 성정, 그리고 딘의 네 아이들과의 유대감이 축적되면서 조안나의 인격은 사고 이전과 전혀 달라지게 된다.

는 부인도 존재하지 않는 것이다.

　유명한 기억상실증 환자의 사례를 참조해서 만든 영화 〈메멘토〉(2000)의 주인공 레너드는 사건 이전의 기억에만 의존해 살아가고 있는 인물이다. 레너드는 그의 부인이 집에 침입한 강도에게 강간당하는 장면을 목격한 뒤 그 충격으로 새로운 기억을 형성할 수 없는 단기 기억상실증을 앓게 된다. 레너드는 사건 이전의 기억은 갖고 있지만 사건 이후 기억을 형성하는 능력을 잃었다. 대략 20분이 지나면 그동안 경험한 세계가 물거품처럼 사라지기 때문에 레너드의 하루는 대부분 정보 조각들을 종이 위에 미친 듯이 휘갈겨 쓰는 데 소비된다. 만약 그가 입수한 정보가 사실이라는 확신이 들면 그것이 사라지지 않도록 그의 몸에 문신으로 새겨 넣는다. 이런 상황이라면 앞으로 갱신될 그의 수많은 정체성들과 미래는 종잇조각들 위에 휘갈겨 쓴 정보의 파편들과 그의 몸에 새겨진 문신들에 의해 형성되고 상상될 수 있을 뿐이다. 문신으로 새겨지거나 종이에 기록되지 않는 경험들과 사람들, 심지어 그 자신까지도 그에게는 불확실하고 위험한 존재가 될 수밖에 없다. 설령 그의 몸과 종이에 기록된 것이라 할지라도 20여 분마다 새롭게 재편되는 그의 세계에서 안전하고 믿을 수 있는 것은 없지 않겠는가?

　그래서 레너드는 자기 손으로 아내를 죽게 한 사실조

영화 〈메멘토〉 중에서

"기억은 기록이 아닌 해석이다"

아내가 강간범에게 살해되었다고 믿고 있는 레너드는 '존 G'라는 강간범의 이름 중 일부만을 단서로 아내의 복수를 위해 매달린다. 20분 뒤면 휘발되는 기억을 붙들기 위해 레너드는 유의미한 상황들을 폴라로이드로 찍고 부연 설명은 달며 메모하고, 급기야는 몸에 문신으로 적어넣기에 이른다. 하지만 일관된 기억이 불가능하기에 기록에 대한 해석은 새로운 기록에 의해 매번 수정된다.

차 알지 못한다. 레너드는 아내가 강간범에게 살해당했다고 믿고 있지만 사실은 그렇지 않다. 남편인 레너드가 자신이 강간당하는 장면을 목격한 충격으로 단기 기억상실증에 걸렸다는 사실을 믿을 수 없던 부인은 남편의 기억상실증을 확인하기 위해 죽음을 담보로 한 실험을 한다. 당뇨를 앓고 있었던 그녀에게 레너드가 20분마다 인슐린 주사를 놓는다면, 그의 병이 진짜라고 믿을 수 있다고 생각했기 때문이다. 실제로 단기 기억상실증에 걸린 레너드는 부인이 주사를 놔달라고 할 때마다 이미 주사를 놓았다는 사실을 잊어버리고 계속 약을 주사하게 되고, 결국 아내는 인슐린 과다로 인한 저혈당 쇼크로 죽게 된다.

영화 속 사례들을 통해 볼 때 장기적이든 단기적이든 기억에 누수가 생기면 그 사람의 삶은 순식간에 단절되고 정체성에 구멍이 나서 삶을 지속하기 힘들어진다. 앞서 소개한 여러 사람들이 겪는 고통도 이와 다르지 않을 것이다.

과거의 경험, 꼭 그대로 '리콜'돼야 할까?

기억의 상실과 증발, 혹은 기억의 누수가 우리의 삶(의 연속성)과 정체성에 이토록 치명적인 타격을 준다면, 기억의 누수를 막고 기억의 구멍 난 부분을 메우는 일은 곧 기억으로 조각난 자아와 삶을 복원하고 치료하는 일과 직결된다고 할 수 있다. 적어도 도서관에서 잃어버린 지갑을 찾는 과정에서 일어난 황당한 나의 실수에 비추어볼 때, 기억의 복원은 '파렴치한'으로 추락한 나의 정체를 바로잡는 데 반드시 필요한 일임에 틀림없다.

게다가 이런저런 요인들로 인해 사람들의 뇌에서 술렁술렁 빠져나간 중요한 과거의 정보를 되찾는 일 역시 그 사람들의 삶의 통일성을 유지하는 데 도움이 될 것이다. 보다 심각하게는 기억을 담당하는 뇌 신경 손상으로 기억 장애를 갖게 된 사람들에게도 기억 누수의 경로를 차단하고 손상을 복구하는 일은 그들의 생존과 직결되는 일일 것이다. 그러나 증발되고 누수된 기억의 온전한 복구가 기억 문제를 해결하는 데 도움이 되지 않는 경우도 있다.

발자크의 소설 《아듀》는 기억의 누수를 막고 구멍 난 부분을 복원하는 일이 언제나 개인의 정체와 삶의 안녕을 도모하는 일에 도움이 되는지에 대한 물음을 제기하고 있다. 주인공 필리프 드 슈시 대령은 친구와 사냥을 하러 나선 길에서 광기 어린 한 여인과 우연히 마주친다. 그 여인은 '아듀'(영원한 안녕)라는 한마디밖에 하지 못한다. 그런데 그 여성은 알고 보니 과거에 필리프의 연인이었던 스테파니 드 방티에르 백작 부인이었다. 스테파니는 나폴레옹 전쟁에서 종군하게 된 필리프의 군대를 따라서 러시아까지 가는데, 프랑스군이 퇴각을 거듭하면서 러시아 군에

포위당하게 된다. 배를 타고 베레지나 강을 건너려고 했지만, 나룻배에 두 사람이 올라탈 여유밖에 없었기에 필리프는 스테파니와 그녀의 남편을 태워 보내고 자신은 강가에 남는다. 나룻배에 오른 스테파니가 필리프를 향해 외친 마지막 한마디가 바로 '아듀'였다.

그런데 그 뒤 스테파니의 남편 방티에르 백작이 나룻배에서 강에 빠져 목숨을 잃게 된다. 떠내려오는 얼음덩어리의 날카로운 부분에 목이 잘려 죽는 모습을 스테파니는 그대로 지켜볼 수밖에 없었다. 설상가상으로 스테파니도 붙잡혀 2년 동안 적군에게 끌려다니며 성적 유린을 당한다. 몇 년 뒤 스테파니가 큰아버지에게 발견되었을 때, 그녀는 발가벗겨진 채로 제정신을 완전히 잃어버린 상태였다.

필리프는 우아하고 아름다운 귀부인이었던 스테파니가 지금은 반짐승처럼 되어 과거의 연인이었던 자신의 모습도 알아보지 못하는 것에 큰 충격을 받는다. 그녀의 기억을 되돌리기 위해 필리프는 그녀의 치료에 온 힘을 써 보지만 모두 허사가 되고 만다. 그가 마지막으로 택한 방법은 겨울 러시아 평원의 베레지나강을 모방한 장대한 무대를 만들어 두 사람이 이별하는 장면을 그대로 재연하는 일이었다. 닳아서 해진 군복을 입은 농민들이 외치는 고함소리는 뒤쫓아오는 러시아 병사의 외침 바로 그것이었다.

그 정경 속에 몸을 맡기고 강에 떠오른 나룻배를 본 스테파니는 기억을 되찾는다. 그리고 연인 필리프의 모습을 똑똑히 확인하자마자 '사랑의 인사'를 남기고 곧바로 심장이 멎고 만다.

통상적으로 증발된 기억을 회복하는 일은 기억의 누락으로 인해 구멍 난 정체를 바로잡고 삶을 지속할 수 있게 하는 계기를 마련한다고 인식된다. 그런데 스테파니에게 과거 경험의 귀환은 우리의 일반적인 인식과는 다른 역할을 했던 것일까? 왜 스테파니는 기억이 돌아오자마자 죽음을 맞이했던 걸까?

《기억 서사》에서 오카 마리는 저명한 페미니스트인 쇼샤너 펠만Shoshana Felman의 분석을 통해 스테파니의 기억 회복에 관한 흥미로운 해석을 제시하고 있다. 필리프의 입장에서 스테파니의 기억을 되살리는 일은 과거의 연인이었던 그를 알아보게 하고, 그 자신이 사랑했던 우아한 귀부인의 이미지를 복원해 그녀와의 관계를 회복하는 것이었다. 이 모든 노력은 바로 필리프 그 자신을 위한 나르시시즘적인 욕망에서 나왔다는 것이 펠만의 해석이다. 그럼에도 일반적인 사람들이 볼 때 필리프의 노력은 헌신적인 행위가 아닐 수 없다. 그녀에게 과거의 우아한 귀부인의 이미지와 정상적인 삶을 돌려주려 한 것이 무엇이 잘못되었단 말인가?

나폴레옹의 제국을 내리막길로 접어들게 한 베레지나강의 전투

유럽 대륙을 정복한 나폴레옹의 군대는 기세등등하게 러시아로 칼끝을 겨누지만, 오랜 원정에 보급이 충분하지 못했던 탓에 병사들은 병들거나 이탈해, 모스크바를 정복했을 때 나폴레옹의 군대는 눈에 띄게 쇠약해져 있었다. 모스크바에서 철수하여 본국으로 돌아가는 길, 지금의 벨라루스를 흐

얀비에 수흐돌스키, 〈베레지나강을 건너는 나폴레옹〉(1812)

르는 베레지나강에 다다랐을 때, 파괴된 다리 대신 배다리를 놓아 강을 건너려던 나폴레옹군은 러시아 군대를 만나 괴멸당하고 만다. 바르샤바에서 45만으로 출발했던 나폴레옹의 대군은 고작 3만으로 귀환하였다.

오카 마리는 스테파니의 입장에서 기억과의 투쟁을 살펴보아야 앞의 물음에 대한 해답을 얻을 수 있다고 말한다. 그런데 《아듀》는 제삼자의 입장에서 스테파니가 기억을 찾는 과정을 서술하고 있어 그녀의 속내가 어떠했는지는 정확히 알 수 없다. 필리프에게 마지막 사랑의 인사만 남기고 삶의 무대에서 퇴장하기 때문에 현실 세계로의 복귀가 왜 스테파니에게 불행한 일이 되는지를 우리 독자는 정확히 알 수 없다.

그런 까닭에 오카 마리는 제삼자인 필리프가 기억하는 과거가 아닌 그녀에게 갑자기 '도래한 사건'에서 접근해야 한다고 말한다. 그렇다면 도래한 사건은 무엇인가? 이는 체험 당사자가 필요에 따라 자기 의지대로 과거 사건을 소환하는 일반적인 기억이 아니라, 사건의 체험 당사자도 모르는 사이에 과거의 사건이 귀환하는 것이다. 그런데 부지불식간에 치밀고 들어오는 기억이 좋은 기억이 아니라 너무도 끔찍해서 피하고 싶은 것이라면 어떨까? 스테파니에게 갑자기 도래한 사건이란 바로 그런 종류의 과거 경험인 것이다. 잔인하고 끔찍한 남편의 사고를 자기 눈으로 목격했고, 2년여간 적군에게 성적 유린을 당했던 당시의 경험들은 그녀에게 차라리 존재하지 않는 것보다 못한 경험이지 않겠는가. 그만큼 그와 관련된 기억은 철저히 망각될 수밖에 없는 것이다.

여기서 스테파니의 망각은 생존을 위해 동원된 방어 기제라고 할 수 있다. 만약 남편의 끔찍한 사고와 적군으로부터 유린당한 그녀의 몸을 상기하며 일상을 살아간다면, 그야말로 산 죽음을 사는 것과 별반 다르지 않을 것이다. 마음과 육체에 새겨진 폭력에 무뎌져야만 그나마 살아갈 여력이 생기는데, 필리프가 행한 재연 작업은 그 기회마저 뺏은 것이다. 재연 무대에서 상연된 것은 스테파니가 그토록 잊고 싶어 했던 폭력의 기억이기 때문이다.

우리는 스테파니 본인 스스로 소환한 것이 아니라 그녀에게 '도래한' 이 특별한 기억을 눈여겨봐야 한다. 사건이 도래한다는 것은 사건의 체험자가 인식하지 못하는 상태에서 사건이 귀환하는 것이다. 어떤 면에선 사건 경험의 당사자에게 사건의 도래가 인식되지 않는 것이 도움이 되기도 하지만, 동시에 이는 사건의 도래가 그것을 맞이해야 하는 사람에게 뜻하지 않은 재난이 될 수도 있음을 의미한다.

스테파니가 기억을 되찾았을 때 우아한 귀부인으로서의 정체성을 회복함과 동시에 그녀가 도저히 갖고 살아낼 수 없는 과거를 불러들였다. 현실 세계에 불러들여진 고통스러운 과거는 스테파니가 귀부인의 자태로 우아하게 살아가기 위해서 은폐해야 하는 오점이 아닐 수 없다.

현실 세계에서 있어서는 안 될 오점을 마주한 귀부인

스테파니는 충격으로 몸과 마음이 마비되어 죽음에 이르게 된 것이다. 그렇다면 스테파니를 죽음에 이르게 한 결정적인 원인 중 하나는 필리프의 욕망이라고 할 수 있다. 아름다운 귀부인의 이미지를 되찾아 과거의 연인이었던 자신을 알아봐주기를 바랐던 필리프의 간절한 소망이 오히려 스테파니를 파국으로 내몬 것이다.

트라우마와 외상 후 스트레스 장애

여기서 우리는 필리프의 행위가 스테파니를 죽음에 이르게 할 만큼 폭력적이고 잔인한 것인지 묻지 않을 수 없다. 먼저 스테파니가 경험한 '사건'이 비참하고 견디기 힘든 것이었으리라는 점은 누구도 짐작할 수 있다. 그러나 이 물음의 답을 찾기 위해서는 그것이 얼마나 폭력적이고 고통스러운 것인지, 그와 같은 폭력을 육체가 감내한다는 것이 폭력을 당한 당사자에게 어떤 것인지, 그 사건의 본질이 사건을 당한 사람에게 도대체 어떤 것인지를 우리가 정확히 알 수 없다는 데서 출발해야 한다. 그 후 피해자에게 그 사건을 생생하게 떠올리도록 한다는 것이 어떤 의미인지를 반문해보아야 한다. 이 문제에 대한 답을 고민하는 일은 지금 우리의 현실 세계에서 발생하는 기억장애의 문제와 그 문제의 해결 방법을 찾는 일과도 직결되기 때문에 중요하다.

사실 우리는 가깝게는 우리 가족 안에서, 멀게는 인터넷이나 TV 등 다양한 매체를 통해 현실의 '스테파니'들을 종종 접한다. 왕따나 악플, 아동 학대나 가정 폭력, 성폭력, 그리고 크고 작은 재난의 피해자들이 정상적인 삶을 이어가지 못하고 생을 마감하거나 병적인 상태로 빠져드는 경우를 심심찮게 보게 된다. 그런데 아이러니한 것은 이들 피해자들이 폭력적인 사건을 경험한 당시보다는 사후, 특히 언론을 비롯해서 일반적인 사람들에게 그들의 끔찍한 경험이 노출되었을 때와 자신에게 일어난 일을 급습을 당하듯 인식하게 되었을 때 극단적인 선택을 하는 경우가 적지 않다는 것이다. 이런 예들은 우리가 언론을 통해 자주 듣는 '외상 후 스트레스 장애Post-Traumatic Stress Disorder(PTSD)'의 좋지 않은 예후라고 할 수 있다.

외상 후 스트레스 장애는 스테파니와 같이 한계 상황을 경험한 사람들에게 발현되는 일종의 병리적인 증상이다. 물론 한계 상황을 경험했다고 모든 사람들이 외상 후 스트레스 장애를 보이는 것은 아니다. 극한의 사건을 경험한 뒤 보다 강인한 사람이 되는 경우도 있다. 그러나 사건의 규모나 충격의 강도와 그것을 방어할 능력(방편) 사이의 간극이 클 경우 사건의 피해자는 비정상적인 방법으로 한계 상황에 반응하는 경우가 많다. 아무리 큰일을 당해도

43

그것을 감당할 능력이 있거나 그 일에 대한 상처를 보듬어 주고 그것을 이해해줄 수 있는 사람이 곁에 있거나 상처에 대처할 수 있는 주변 상황이 잘 갖추어져 있다면 피해자가 사후 대처하는 데 큰 도움이 된다.

그러나 보통 사람들은 일상에서 쉽게 경험하지 않는 힌계 상황에 대한 불리적·정신적 대비가 되어 있지 않다. 거의 무방비 상태에서 엄청나게 위압적인 사건과 맞닥뜨리기 때문에 순간적으로 그 상황을 부정하거나 회피하려고 한다. 정신분석학에서는 이런 회피적 현상을 '억압repression' 혹은 '해리dissociation'라는 개념으로 설명한다. 전자는 마음의 수직 작용으로, 트라우마적 사건을 의식의 아래쪽(무의식)으로 밀어내는 역할을 한다. 후자는 수평적으로 작용는 것으로, 정상적인 의식의 흐름에서 트라우마적 경험을 칸막이로 나누는 것과 비슷한 기능을 한다. 비록 이 두 개념이 운동 방향에서 차이를 보이지만, 트라우마적 기억에 대해서는 상호 교환적으로 사용될 수 있다. 의식의 아래쪽으로 밀려 내려가든 아니면 옆으로 칸막이가 쳐지든 간에, 트라우마가 발생할 당시의 경험이 피해자에게 일시적으로(혹은 장기적으로) 인식되지 않기 때문에 당장의 파국은 유보될 수 있다. 이러한 과정은 트라우마가 발생할 당시에 벌어지는 일종의 생존 투쟁이라고 할 수 있다. 지금 눈앞에서 벌어지고 있는 일을 부정하고 망각하는 것은 힘없는 피해자가 자기가 발 딛고 사는 세계를 일순간에 박살내려는 괴력으로부터 벗어나려는 힘없는 생존 방편인 것이다.

보다 심각한 문제는 이런 과정을 겪고 살아남은 생존자에게 억압되고 해리된 기억이 되살아날 때 발생하는 여파다. 억압되고 해리된 트라우마적 기억은 완전히 사라지거나 잊힌 것이 아니라 피해자의 의식이나 몸 어딘가에 기입되어 있다는 점에서 문제는 더욱 심각할 수밖에 없다.

충격의 강도와 사건의 규모에 있어 앞서 설명한 사람들의 경우와 비교될 수 없겠지만, 나 역시 충격적인 사건으로 인해 심적인 상처를 입은 적이 있다. 20대 때 과외를 마치고 택시를 탔던 것에서부터 나의 끔찍한 악몽은 시작되었다. 당시 과외가 끝나는 시간이 밤 12시쯤이었다 보니 나는 늘 택시를 타고 집으로 돌아갔다. 1년 정도 주 4일을 택시를 타고 다녔기 때문에 늦은 밤 택시를 타는 것은 특별한 일이 아니었다. 내가 머물고 있던 집은 직선 대로를 거쳐 상가가 많은 도로에 있었기 때문에 그다지 위험하지도 않았다. 문제의 그날도 다른 때와 마찬가지로 택시를 타고 집으로 향했다. 택시가 내가 원하는 방향이 아닌 좁은 골목길로 접어들기 전까지만 해도 평범한 하루였다.

그러나 대로를 달리던 차가 갑자기 속력을 줄여 좁은 골목길로 들어가는 것을 알아차린 나는 이상한 느낌이 들었다. 그 길은 출퇴근 시간처럼 차가 막히는 시간대에 어쩔 수 없이 사용하는 둘레 길로, 밤 시간대 뻥 뚫린 대로를 놔두고 들어설 이유가 없는 길이었기 때문이다. 불길한 느낌에 나는 "아저씨, 지금 차가 막히는 것도 아닌데 굳이 이 길로 갈 필요가 없지 않나요"라고 말했지만 그 아저씨는 운전석 바로 위에 달린 거울을 통해 나를 보더니 그냥 씩 웃기만 하는 것이었다. 기분 나쁘게 웃는 그 섬뜩한 웃음에 너무 놀란 나머지 눈앞이 캄캄해지고 머릿속이 하얘지면서 온몸에선 식은땀이 흘렀다. 손은 택시 손잡이를 있는 힘껏 부여잡고 있었던 것으로 기억된다. 그런 상태로 얼마 가지 않아 택시가 또 한 번 골목을 꺾어 들어가기 위해서 속력을 늦추었고 그때 나는 장사를 마치고 셔터를 내리고 있는 연쇄점(지금의 작은 동네 슈퍼와 같은)의 주인 아저씨를 발견했다. 순간 잡고 있던 뒷좌석의 문손잡이를 힘껏 밀어서 밖으로 튕겨 나왔다. 택시에서 굴러 떨어지긴 했지만 속력이 늦추어지고 있던 터라 몸은 크게 다치지 않았다. 연쇄점 주인의 도움으로 경찰에 연락하고 집으로 무사히 돌아왔지만, 차 색깔, 택시 기사의 얼굴, 차 번호 등 어느 것 하나 기억하지 못해 그 끔찍한 사건은 그저 나의 개인적인 악몽으로 남게 되었다.

그 일을 경험한 뒤 과외를 그만두고 한동안 멍하게 지냈지만 일상생활을 하는 데는 큰 지장이 없었다. 그런데 문제는 밤에 택시를 타는 것이 두려워졌다는 점과 어쩔 수 없이 밤에 택시를 타게 되었을 때, 나도 모르게 과도하게 경계를 한다는 점이었다. 택시 기사가 어쩌다 지름길로 가려고 방향을 틀려 하면 나는 20여 년 전의 상황으로 돌아가 택시 손잡이를 부여잡고 경계의 눈빛을 보낸다. 아무런 문제가 없는 양 기사님과 가벼운 대화를 하지만 그럼에도 내 이마엔 어느새 식은땀이 맺히기 시작하고 몸은 냉동차의 언 생선처럼 뻣뻣하게 굳기 일쑤였다. 밤늦은 시간임에도 연락이 되는 사람들에게 전화해서 이런저런 이야기를 하며 내 경직된 몸을 풀어보려고 애쓰기도 했다. 그런 내 자신이 너무 한심하고 우스워 보여서 의연하게 대처하려 해도 밤에 택시를 타면 나도 모르게 또 그런 상태에 빠져들고 있는 것을 발견하곤 한다. 지금 생각해보니 그것은 내 몸이 기억하는 그 당시의 상황이 아닌가 싶다. 나의 경우 그나마 다행인 것은, 문제의 택시 사건 이후 밤에 여러 번 택시를 타게 됨으로써 첫 경험의 충격이 어느 정도 완화되었다는 점이다. 물론 지름길로 가기 위해 택시가 내가 잘 모르는 길로 접어들 때면 여전히 심장이 뛰고 머릿속이 하얘지는 느낌을 받지만, 그럼에도 그때마다 내가 이런저런 방편을 찾아내 그 순간을 어쨌든 잘 넘기고 있다는 점에서 그렇다고 여긴다.

나의 경우와 달리 아무런 완충 장치 없이 그날의 충

격적인 상황을 맞이한 스테파니의 경우는 어떠한가? 현대의 많은 트라우마 연구자와 정신의학자들은 피해 당사자도 알지 못한 채 의식 혹은 몸 어딘가에 기입되어 있는 트라우마적 경험은 오히려 다른 어떤 기억보다도 뚜렷한 상태로 남아 있다고 말한다. 대개 과거 경험은 시간의 경과와 기억력의 쇠퇴, 그리고 새로운 경험들의 유입으로 인한 경험들의 뒤섞임 등으로 인해 퇴색·삭제되거나 혼동되기도 한다. 그러나 앞의 견해를 가진 트라우마 연구자들에 따르면, 트라우마적 경험은 그런 정상적인 의식의 흐름들과 뒤섞이지 않고 격리되어 있기 때문에 거의 손상되지 않은 채로 남아 있다는 것이다. 만약 트라우마적 경험이 온전히 남아 있다면 그것을 경험한 당사자에게 재소환될 경우 어떤 결과가 초래될 것인가? 비록 시간이 지나고 외부환경이 많이 변했다고는 하나 그때의 충격적인 경험은 피해 당사자에게 너무도 생생하게, 마치 피해를 입은 바로 그 순간처럼 경험되지 않겠는가?

스테파니의 경우가 바로 여기에 해당된다. 필리프가 스테파니의 과거 기억을 되살리기 위해서 행한 '재연' 작업이 야만적인 폭력성을 지닌 이유도 바로 여기에 있다. 충격을 감당할 수 없어 눈앞에 벌어진 일을 부정한 스테파니는 그때의 사건을 제대로 인식도 못한 채 살아왔다. 그런 그녀에게 필리프는 급작스럽게 그 사건을 그대로 경험하게 한 것이다. 그는 아무런 완충 장치도, 예행 연습도 없이 그 충격적인 사건을 현재의 순간에 되살려냈다. 그러므로 스테파니에게 그 일은 과거의 사건이 아니라 바로 지금 벌어지고 있는 일이 되며, 자기 힘으로 어찌해볼 도리 없이 순식간에 밀려오는 엄청난 쓰나미가 된다. 결국 망각된 기억을 되살려 사랑하는 연인의 본모습을 찾아주려던 필리프의 노력은 오히려 스테파니의 심장을 멎게 한 살상 무기가 된 셈이다.

외상으로 인해 초래된 기억장애와 마주할 때, 우리가 알아야 하는 것들

《아듀》의 이야기는 외상으로 인해 초래된 기억장애와 마주할 때, 우리가 알아야 할 중요한 것들을 알려준다. 외상을 입은 사람들뿐 아니라 그들의 문제를 극복할 수 있도록 돕는 사람들에게 상실된 기억을 온전히 복원해서 환기하는 것이 해결책이 아님을 경고하고 있다. 정상적인 의식의 흐름에서 가로막히고 누락된 부분이 복구된다고 해서 외상을 입은 사람들의 정체와 삶이 외상을 입기 전의 상태로 되돌려지는 것이 아니기 때문이다. 현대 트라우마적 사건의 원형적인 사건으로 인식되는 홀로코스트 생존자들 중 한 사람인 샤를로트 델보Charlotte Delbo는 저서

《Auschwitz et après아우슈비츠 그리고 그 이후》에서 "나는 아우슈비츠에서 죽었다, 그러나 아무도 그것을 모른다"고 쓴 바 있다.

베트남전쟁에 참전했던 군인들을 상담 치료한 조너선 셰이Jonathan Shay는 환자들이 '나는 베트남에서 죽었다'고 말하는 것을 자주 들었다고 한다. 성폭력을 경험한 작가 미게일 쉐러Migael Scherer는 저서 《Still Loved by the Sun태양의 사랑은 아직 남아 있다》에서 "나는 언제나 이전의 나 자신을 그리워할 것이다"라고 쓰면서 강간 생존자들이 공통적으로 느낀 상실감을 표현하고 있다. 트라우마적 사건은 생명을 위협하는 것으로 감지되는 폭력에 맞닥뜨려 한 인간이 자신이 완전히 무기력하다고 느끼게 되는 경우를 말한다. 위험에 처했을 때 그것과 맞서 싸울 준비를 하거나 그 상황으로부터 빨리 도망치는 등의 일반적인 적응 반응들은, 성폭력이나 고문 혹은 대재앙적인 사건과 같은 트라우마적 사건에 직면해서는 거의 발휘되지 않는다. 말하자면 자아의 극복 능력을 넘어서는 사건 앞에서 자아는 심한 손상을 입게 되는 것이다. 주디스 허먼은 저서 《트라우마》에서 다음과 같이 설명한다.

어떤 사건을 앞에 두고 저항도 탈출도 불가능할 때, 인간의 자기 방어 체계는 그 앞에서 압도당한 채 무너져

버리고 만다. 위험이 닥칠 때 보이던 일반적인 반응들은 이런 사건 앞에서는 아무런 힘도 쓰지 못하고, 대신 눈앞의 위험이 사라지고 한참이 지난 후까지 그 반응들은 변형되고 과장된 상태로 남아 있곤 한다.

특히 트라우마가 다른 사람이 의도적으로 가한 행위 때문에 생겼을 때, 그것은 피해자가 가지고 있던 세상에 대한 기본적인 가정들을 무너뜨리고 세상 속에서 피해자가 보장받아야 할 안전을 파괴할 뿐 아니라, 피해자의 자아와 다른 사람들 사이에 유지되고 있던 유대까지 끊어놓는다. 의도적으로 가한 폭력으로 외상을 입은 사람은 자신을 (성)폭행하고 고문하는 사람에 의해 단지 물건처럼 취급당한다. 여기서 피해자의 주체성은 아무짝에도 쓸모없고 무가치한 것으로 전락하고 만다. 여성학자 수잔 브라이슨은 실제 자신이 겪은 끔찍한 성폭행의 고통을 바탕으로 쓴 《이야기해 그리고 다시 살아나》에서 이런 느낌을 생생하게 증언한다.

1990년의 7월 어느 날 오전에 브라이슨은 남편과 동료를 숙소에 남겨두고 혼자 프랑스 외곽의 평화로운 시골길을 따라 산책을 하고 있었다. 얼마 뒤 브라이슨은 어두운 골짜기 아래의 흙탕물 속에 얼굴이 처박혀 누군가에게 두들겨 맞고 성폭행을 당하기 시작했다는 것이다.

누구의 도움도 기대할 수 없었고, 내 운명은 오직 폭력을 휘두르는 그 사람의 손에 달려 있다는 생각에 그 남자에게 '선생님'이라고 부르며 말을 걸었다. 어떻게든 그 남자의 인간성에 호소하려 했지만 아무런 소용이 없었다. (……) 목이 조여 오자 죽을지도 모른다는 공포에 동물적인 본능으로 필사적으로 발버둥쳤다. 내가 느꼈던 죽음의 공포를 여기서 전달할 수만 있다면 (……) 그때는 정말 목숨이 끊어지고 있다고 생각했다. 그러다 다시 정신이 들었고, 바로 그 순간 돌을 들고 나를 향해 미친 듯 달려오는 그 남자를 보았다. 그는 내 이마를 돌로 내려치고는 내 목을 한 번 더 졸랐다. 그러고는 그렇게 나를 죽게 내버려둔 채 도망쳤다.

성폭행범이 자리를 떠난 후 브라이슨은 있는 힘을 다해 골짜기를 기어올라 한 농부에 의해 구출되었다. 그러나 어느 날 갑자기 영문도 모른 채 당한 그 끔찍한 일 때문에 브라이슨은 자기 몸이 "고통과 두려움에 얼룩진 몸으로 변했고, 더 이상 성폭력을 겪기 이전의 자기와 동일한 사람으로 느껴지지 않았다"라고 말한다. 자기 몸이 원수처럼 느껴지고 수많은 결점을 가진 것으로 느껴졌다고 한다. 캐시 윙클러Cathy Winkler는 브라이슨이 겪은 성폭력과 같은 사건을 "사회적 살인social murder"이라고 부르며, 이런 일을 겪은 사람은 자아가 파괴된다고 주장한다.* 폭력을 당하는 상황에서 물건처럼 취급되고 자기가 선택한 대로 생각하고 느낄 수 있는 능력이 파괴되었기 때문이라는 것이다. 윙클러는 그런 상황에서 피해자는 "생명 유지 장치를 달고 있는 몸뚱이"와 비슷하다고 말한다. 피해자의 자아는 이제 외상을 입기 전의 자아와 동일할 수 없고, 피해자 눈앞에 펼쳐지는 외상 후의 세계는 홀로코스트의 생존자인 샬롯 델보의 말처럼, "감히 입을 수 없는 값비싼 옷을 눈앞에서 바라보기만" 할 수 있는 피해자와 동떨어진 장소가 된 것이다.

실제로 이러한 문제로 인해 극심한 고통을 겪은 홀로코스트 생존자들의 생생한 증언은 수도 없이 많다. 그들 대부분이 공통적으로 전하는 말에 따르면, 생존자들은 죽음의 수용소에 수감되어 있을 때보다 해방 이후에 고통이 더 크다고 한다. 외로움과 고립감 때문이라고 하는데, 이런 감정은 '해방 후 정상인 듯 보이지만 비정상'인 그들 자신의 달라진 자아와 세계관과 관련이 있다고 말한다. 누구보다도 이 같은 차이를 몸으로 절감하고 그것에 대한 생각을 독자들에게 전달하려고 노력한 증언자로 꼽히는 장 아

---

* Cathy Winkler, 〈Rape As Social Murder사회적 살인으로서의 강간〉, 《One Night: Realities of Rape》, Rowman Altamira, 2002 참조.

메리도 비슷한 경험을 했다고 한다. 아메리는 레지스탕스 활동을 하다 게슈타포에게 잡혀 1943년 아우슈비츠로 끌려가 모진 고문과 폭력을 당하고 1945년에 풀려난 후 작가로서 활발한 활동을 했다. 《자유죽음》에서 아메리는 고문을 당하는 사람은 처음 한 대를 얻어맞는 순간부터 세상에 대해 갖고 있던 신뢰를 잃게 된다고 말하면서, 이 과정에서 더 중요한 사실은 자기 몸과 자신의 형이상학적 존재성에 대한 존중의 확실을 상실한다고 주장한다.

내 몸이 끝나는 곳이 곧 내 자아가 끝나는 곳이다. 내가 신뢰를 가지려면 신뢰야말로 내가 느끼기 원하는 것이라는 기분이 들어야 한다. 그러나 처음 한 대를 맞는 순간, 세상에 대한 이러한 신뢰가 산산이 부서져버렸다.

그러면서 아메리는 자신이 받은 고문을 강간과 비교한다. 고문을 하는 사람이 피해자를 단순한 몸뚱이, 순전히 물질적인 것으로 취급하며 마구 때리는 행위는 그의 모든 존재를 더럽히고 파괴하려는 것이며, 그런 모욕을 경험한 사람은 더 이상 예전의 자기 모습으로 돌아갈 수 없는 얼룩진 존재가 된다는 것이다. 외상 후의 자아가 외상 전의 자아와 동일하지 않다는 것을 절감한 아메리는 《자유죽음》을 쓰고 2년 뒤인 1978년 10월 17일에 잘츠부르크의

소련의 붉은 군대가 아우슈비츠를 해방시켰을 때 수용돼 있던 유태인 어린이들

"아우슈비츠 이후 서정시를 쓰는 것은 야만이다"

아도르노의 선언에서 볼 수 있듯이, 아우슈비츠로 대표되는 홀로코스트의 참상은 전 세계에 큰 충격을 안겨주었다. 인간이 같은 인간을 절멸시키고자 말도 안 되는 학살을 저질렀던 이 문명의 기형적인 발달상은, 우리 인류가 '반反인도적' 행위에 대해 자성하고 경계하는 계기가 되었다.

한 호텔에서 수면제를 먹고 자살하였다.

트라우마적 기억을 다루는 어려움

스테파니, 브라이슨과 윙클러, 그리고 수많은 홀로코스드 생존자들의 기억의 문제는, 기본적인 방식에 있어서 트라우마의 이해 불가능성과 관련되어 있다. 스테파니의 경우 일어난 사건을 아예 말할 수도, 생각할 수도 없다. 그러므로 자신에게 일어난 끔찍한 일을 이해하고 받아들이는 일이 매우 어려운 상태였다. 브라이슨과 윙클러도 일어난 사건을 부분적으로 말할 수는 있었지만 그날 정확히 자신에게 무슨 일이 일어났는지를 온전히 기억하거나 말하는 것은 불가능했다.

그렇다면 스테파니의 경우처럼 그들 자신에게 무슨 일이 벌어졌는지를 제대로 이해하지 못하고 가슴에 묻었던 이야기를 어느 순간 갑자기 불쑥 그들의 눈앞에서 되살려낸다면 어떻게 되겠는가? 이렇게 돌아온 트라우마적 사건에 대해 피해자들이 외상을 입기 전처럼 잘 대응할 수 있을 것이라 기대하는 것 자체가 또 다른 폭력이 아니고 무엇이겠는가.

그렇다면 그들이 결국 이 같은 위협에서 벗어날 수 있는 가능성은 두 가지에 달려 있다고 할 수 있다. 첫째, 도저히 일어날 것 같지 않은 일이 실제로 발생했다는 것을 제대로 인식하는 것이고, 둘째, 그렇게 일어난 사건에 대해서 이야기하고 그것에 적절한 감정을 느끼는 것(받아들이는 것)이다. 이것은 곧 외상을 입기 전의 자아와 외상 후의 자아를 통합하는 일, 그리고 외상 전의 피해자의 삶의 이야기와 외상 후 피해자의 삶의 이야기를 연결하는 문제와 직결되어 있다. 문제는 앞서 살펴본 트라우마적 사건 피해자들의 경우에서 알 수 있듯, 어떤 사람에게 절대로 일어날 것 같지 않던 불가능성과 맞닥뜨리고 또 그것을 받아들이는 일은 엄청나게 힘든 작업이다. 이 과정에서 섣부르게 기억을 복원하는 것은 외상 피해자들을 오히려 위험에 빠뜨리게 할 수 있다.

③

누수된 기억을 어떻게 통합할 것인가?

트라우마적 기억과 간접적 트라우마

　기억의 통합과 연결의 문제로 많은 노력과 시간을 들이고 있는 사례로 뉴욕의 시민들을 꼽을 수 있다. 2001년 9월 11일에 발생한 세계 무역 센터 빌딩 테러가 벌어진 지 벌써 10년이 훌쩍 넘었음에도 그 사건을 직간접적으로 목격한 뉴욕 시민들이 과거의 뉴욕과 상처가 난 새로운 뉴욕을 연결하는 데 상당한 어려움을 겪고 있다는 것이다. 이것은 뉴욕의 많은 사람들이 폭격의 상흔이 남은 그 장소에 새 건물이 들어서게 되면 뉴욕의 풍경에서 9·11 테러의 흔적을 찾아볼 수 없을 것이라고 믿고 싶어 하기 때문이기도 하다. 9·11의 트라우마에 대한 여러 학자들의 글을 모아서 《미국의 트라우마: 9·11 이후》를 낸 주디스 그린버그Judith Greenberg는 그런 마법 같은 상상은 이루어지지 않는다고 단언한다. 외상의 맥락에서는 과거의 뉴욕과 현재의 뉴욕 사이의 관계가 시간의 전후로 명확하게 구분되기보다는 변증법적으로 관계한다는 이유에서다. 9·11 이후 뉴욕 시민들의 생각을 고려하지 않고서는 과거의 뉴욕을 더 이상 이해할 수 없다. 상실감, 실종, 상처 입을 가능성과 분리하고서는 뉴욕과 뉴욕 시민들의 새로운 상태를 이해할 수 없게 된 것이다. 그럼에도 아무런 상흔이 보이지 않도록 폭격 맞은 자리에 새 건물을 덮어씌워서 예전과 다를 바 없는 뉴욕의 풍경을 되찾고자 하는 것은, 그 아픈 경험들의 흔적조차 깡그리 지워 없애고자 하는 것이다.

이것은 《아듀》에서 필리프가 스테파니에게 일어나기를 간절히 원했던 것으로 일종의 망각 정치와 다름없다. 안타깝게도 스테파니는 바로 그 열망으로 인해 목숨을 잃었다. 이 파국은 스테파니에게 도래한 기억이 필리프가 생각하는 그런 일반적인 종류의 기억과 다르다는 것을 몰랐기 때문에 발생한 것이다. 앞서 외상 후 스트레스 장애에 대해 설명하며 언급했듯이, 그녀에게 도래한 기억은 '트라우마적 기억traumatic memory'이다. 트라우마적 기억은 망각에 의해서 그대로 보존되었다가 나중에 폭력적으로 재생되는 특별하고 병리적인 기억의 형태다. 잊고 싶다고 해서 쉽게 잊히는 것이 아니다. 반대로 필요할 때 꺼내서 회상할 수 있는 그런 일반적인 기억의 형태도 아니다. 매우 불쾌하고 고통스러운 과거의 흔적이기는 하지만 깡그리 삭제되거나 소멸하면 오히려 외상을 입은 피해자에게 더 큰 위험을 안겨줄 수 있기 때문에 고안된(?) 기억의 형태라고 할 수 있다. 그런데 외상에 대한 기억은 사건을 경험한 사람에게 남아 있으면 악영향을 끼칠 터인데 왜 깡그리 잊히거나 소멸되면 좋지 않을 결과를 낳을 수 있을까?

이 물음에 대한 답은 '트라우마적 기억'을 진정으로 이해할 때 얻어질 수 있다. 진정한 자기를 찾기 위해서 과거 기억을 되살리는 일도 필요하지만 동시에 과거의 날 선공격을 잠시 막아놓아야 하는 외상의 피해자들이 그 특별한 기억을 왜 사용하는지, 그 기억의 실체가 무엇인지를 이해해야 한다. 스테파니와 같은 비극적인 결말을 막기 위해서는 결국 특별한 기억의 형태로서 트라우마적 기억을 진정으로 이해하는 데서 시작되어야 하지 않았을까. 만약 뉴욕 시민들에게도 필리프와 동일한 요구를 한다면, 사람마다 정도의 차이는 있겠지만 좋지 않은 결과가 초래될 것임을 예상하는 일은 그리 어렵지 않다.

여기서 9·11 테러의 직접적인 피해자가 아니지만 그 사건을 간접적으로 목격한 사람들이 그 일로 어떤 피해를 입었는지를 알고 넘어갈 필요가 있다. 가령 미국 한 병원의 소아청소년과 의사가 전하는 9·11 테러의 악영향을 예로 들어보자. 9·11 테러가 벌어진 뒤 몇 주가 지나서 서로 일면식도 없는 다섯 명의 소녀가 동일한 증상으로 방문했다고 한다. 그들 모두 음식물을 삼킬 수 없어 단기간에 몸무게가 너무 많이 빠졌다고 호소했다. 그리고 다섯 명 모두 세계 무역 센터 빌딩이 폭파될 때 날아온 잔해와 건물의 파편이 목에 걸려 그런 증상들을 만들어냈다고 믿고 있었다고 한다. 그 말을 듣고 의사는 곧바로 그들의 목을 검사했는데, 약간의 수축이 있는 것을 제외하고는 그런 증상을 일으킬 만한 어떤 요인도 발견하지 못했다.

〈상처 입은 뉴욕Wounded New York〉에서 그린버그는 이 소녀들의 증상이 영상 속 사건의 피해자들의 자리에 자신들이 있다고 동일시하여 생겨난 것이라고 주장한다. 그 장면과의 동일시가 너무 강해서 잔해와 건물의 파편들이 자신들의 몸으로 들어갔다고 느낀다는 것이다. 사건 당시 미국의 다양한 영상 매체에 묘사된 영상들을 보면 그린버그의 주장은 충분히 타당성이 있어 보인다. 9·11 테러가 벌어진 직후 TV에서는 연일 세계 무역 센터 건물이 폭파되어 무너져 내리는 장면과 소방관들의 힘겨운 구조 활동을 담은 영상들이 쏟아져 나왔다. 9·11에 관한 영화에서는 구조 활동 중이던 소방관이 건물에서 떨어져 사망하는 충격적인 장면이 묘사되기도 했다. 그중 신참 소방관이 무너진 잔해 더미를 파서 임신한 듯 보이는 한 소녀의 시신을 발굴하는 모습이 담긴 영상과 불길을 피해 무역 센터 고층에서 떨어지는 사람들의 모습은 담은 영상은 시청자들의 마음을 유난히 괴롭게 만들었다. 빌딩이 폭파되는 시간 그 자리에 없었던 사람들도 그 반복 재생되는 생생한 영상들을 봄으로써 간접적인 피해자가 된 것이다. 마치 흡연자 옆에서 담배 연기를 마시는 간접 흡연자처럼 '간접적 트라우마secondhand trauma'를 입은 것과 같은 이치다. 지나 로스Gina Ross는 이 간접적 트라우마가 대체로 직접적인 피해자와 가까운 거리에 있거나 직접적으로 관련이 있는 사람들에게 발생하지만 피해자와 멀리 떨어져 있거나 아무런 관련이 없는 사람들에게도 생길 수 있다고 경고한다.* 문제는 간접적 트라우마의 증상이 직접적인 피해를 입은 사람들에게서 일어나는 외상 후 스트레스 장애 증상과 너무도 흡사하다는 점이다. 그런 의미에서 9·11을 간접적으로 목격한 뉴욕 시민들 모두가 그렇다고 말할 수는 없겠지만, 그들 중 많은 사람들이 앞에서 묘사된 기억장애를 앓고 있는 다양한 인물들의 문제를 공유한다고 봐야 할 것이다.

기억해야 비로소 잊을 수 있는 기억

프로이트의 라이벌이자 동료 연구자였던 피에르 자네Pierre Janet는 트라우마 피해자의 치료를 위한 기억 기술을 발전시킨 선구자라고 할 수 있다. 그런 그의 입지에도 불구하고 최면술, 암시를 통한 치료, 충격요법 등 다소 비과학적으로 여겨지는 치료법들 때문에 그간 그의 기억 연구와 심리 치료술은 평가절하돼왔다.

그러나 최근 정신의학 연구자인 주디스 허먼과 반 데어 코크Van der Kolk, 그리고 반 데어 하트Vand der Hart

---

*   Gina Ross, 《Beyond the Trauma Vortex: The Media's Role in Healing Fear, Terror, and Violence트라우마의 소용돌이 너머: 공포, 테러, 폭력의 치유를 위한 미디어의 역할》, North Atlantic Books, 2003 참조.

와 같은 현대 트라우마 이론가들에 의해서 그의 기억술 치료가 다시 주목받기 시작했다. 특히 그가 구분하는 두 가지 종류의 기억은 앞에서 우리가 고민했던 문제를 해결하는 데 유용한 실마리를 제공한다. 자네는 기억과 서술의 본질에 관한 고찰에서 '트라우마적 기억'과 '서사적 기억 narrative memory'을 구분하여 세시한다. 전자는 과거를 단순히 무의식적으로 반복하는 기억이고, 후자는 과거를 과거로서 이야기하는 기억이다.

《아듀》에서 필리프가 스테파니의 과거를 되찾아주기 위해 행한 재연 작업과 끔찍한 테러와 참사 장면에 반복적으로 노출된 다섯 명의 뉴욕 소녀들이 보인 증상은 '트라우마적 기억'에 가깝다. 필리프의 노력으로 스테파니가 기억을 되찾았을 때 스테파니는 트림없이 예전의 귀부인으로 돌아왔겠지만, 동시에 그 때문에 스테파니는 끔찍한 과거와 불가분의 관계를 맺는다. 귀부인으로서의 기억과 함께 도래한 끔찍한 현실은 그녀가 그 현실의 주인으로서 능동적으로 불러낸 것이 아니라, 오히려 망각을 통해 있는 그대로 보존되었던 현실이 그녀에게 회귀한 것이다. 그녀의 의지와는 상관없이 불쑥 끼어든 기억은 그녀 자신의 의지대로 통제할 수 없다.[*] 자신에게 일어났던 끔찍한 사건이 무엇인지를 제대로 파악하지 못하는 스테파니에게 또다시 그 사건이 눈앞에서 벌어지고 있으니 그 일을 고스란히 겪어야 하지 않겠는가. 물건처럼 취급되던 자아의 수동적인 상태로 말이다.

그렇다면 이 무능력하고 무기력한 자아에게 필요한 것은 물건처럼 취급받는 존재에서 벗어나 주체의 고유한 능력을 되찾고 능동적인 자아를 갖춘 존재로 거듭나는 일일 것이다. 그러기 위해선 무엇보다도 피해자의 몸과 마음을 내동댕이쳐서 주체의 고유한 능력을 앗아간 폭력적인 사건을 다스릴 줄 알아야 한다. 트라우마적 사건과 맞닥뜨렸을 때 너무 충격을 받고 놀란 나머지 망각된, 그럼에도 일반적인 기억보다 더 세부적이고 생생하게 재생되는 '트라우마적 기억'은 피해자의 의지와 상관없이 폭력적으로 되살아나는reliving 기억이다. 그와 동시에 피해자는 과

---

* 여기서 제시된 '트라우마적 기억'의 개념은 캐시 캐루스, 반 데어 코크, 반 데어 하트와 같은 현대 트라우마 이론가들의 관점을 받아들인 것이다. 이들의 관점에서 '트라우마적 기억'은 일반적인 사건을 기억할 때 거치는 절차를 밟지 않기 때문에 아무런 왜곡이나 손상 없이 그대로 보존된다. 가령 캐루스의 경우, 트라우마를 겪는 과정에서 피해자의 기억 속에 사건의 내용들이 왜곡 없이 그대로 기록되는 것이, 사건 당시 피해자가 자신에게 일어난 일을 온전히 인식하거나 이해하지 못하는 것과 연관되어 있다고 주장한다. 트라우마적 기억은 망각을 통해 보존되고, 그렇기에 그 기억의 도래가 피해자에게 그 사건을 처음 마주한 듯한 충격과 같은 강도의 치명적인 효과를 자아내게 된다는 것이다. 그렇기 때문에 도래한 과거를 맞이하는 사람은 또 다시 무기력한 상태에 빠질 수 있다.

거 사건의 진실을 고스란히 담지하고 그것을 수동적으로 모방하는 기계와 비슷한 존재가 된다. 따라서 외상을 입은 피해자 자신이 그 충격적인 경험을 스스로 통제하는 일은 중요한 의미를 지닐 수밖에 없다.

외상을 입은 사람들에게 필요한 것은 분명 병리적 기억으로 초래되는 파국을 막고 장애를 치료하는 것이다. 따라서 트라우마적 기억을 다스리는 일은 피해자의 치료에서 가장 시급한 일이 된다. 바로 이 과정에서 우리가 각별히 경계할 것이 있다. 외상적 사건으로 입은 상처를 완전히 소거할 수 있다는 믿음이다. 자네는 이 난제를 해결하기 위해 창조적인 해법을 제안했다.

그가 제안한 방법은 트라우마적 기억을 서사적 기억으로 변형하는 것이었다. 아픈 상처를 마치 존재하지 않았던 것처럼 말끔히 잘라 없애자는 것이 아니라 다른 방식과 다른 방향으로 '전환'하자는 것이다. 서사적 기억은 과거를 과거로서 이야기하는 작업이다. 말하자면 경험의 당사자가 손쓸 겨를도 없이 동결된 과거, 그럼으로써 말로 표현할 수 없는 '어떤 것'으로 남아 오히려 나중에는 피해 당사자를 병들게 하는 문제의 과거를 이야기로 풀어내자는 것이다.

그렇다면 여기서 이런 의문이 들지 않을 수 없다. 생각하기조차 두려운 과거의 이야기를 다시 한다는 것 자체

에두아르 투두즈, 《《아듀》 미국판 표지 일러스트)(1897)

"안녕, 필리프. 당신을 사랑해요, 필리프!"

베레지나강을 모방하여 꾸민 무대에서 운명의 뗏목에 타고 있는 필리프를 본 스테파니에게 모든 기억이 되돌아오자 그녀의 눈빛에는 영혼이 깃들었다. "인간다움은 그렇게 전류처럼 되살아났고, 영혼을 빼앗겼던 몸에 생명이 불어넣어졌다." 필리프를 알아본 스테파니와 그에 감격한 필리프는 뜨거운 포옹을 나누고, 그 품에서 스테파니는 번개라도 맞은 듯 몸이 굳어 마지막 인사를 고한다.

가 또 다른 상처가 되지 않겠는가? 그런 작업이 필리프의 재연 작업이나 미국의 9·11 참사 장면의 반복적인 보도와 무엇이 다르단 말인가? 이런 의구심들을 해소하기 위해선 '서사적 기억'이 '트라우마적 기억'과는 어떻게 다르고, 또 그것이 기억 질환을 앓고 있는 사람에게 어떤 치료적 방법을 제공하는지가 해명될 필요가 있다.

서사적 기억은 문제의 과거(상처)를 다시 건드리는 위험천만한 행위를 포함할 수밖에 없다. 그러나 자네는 이 기억의 형식은 모방과 반복(재경험) 이상의 의미를 갖는다고 확신한다. 트라우마적 기억의 경우, 피해자가 원래의 사건과 다시 조우할 때 그 사건을 그대로 모방하고 반복한다. 이때 피해자는 사건 당시와 마찬가지로 자신의 상황을 객관화해서 성찰할 여지가 없다. 따라서 원래의 트라우마적 사건과 다시 조우할 때 피해자에게 요구되는 것은 사건과 경험 사이의 거리를 만들어내는 일이다. 사건을 독립적으로 바라볼 수 있는 거리에서 자기-인식이 생겨날 수 있기 때문이다. 그러기 위해선 사건이 피해자에게 경험되는 것이 아니라 피해자 자신이 그 사건을 경험해야 한다. 자네에게 있어 피해자가 능동적으로 트라우마적 사건을 재경험하는 것이 바로 서사적 기억 행위이다. 어떤 사람이 자기가 체험한 일을 인식하고 그것을 그 자신과 다른 사람에게 이야기하는 형태인 것이다.

그렇다면 여기서 자네가 트라우마적 기억을 서사적 기억으로 전환함으로써 치유된 열아홉 살의 환자, 마리의 유명한 사례를 살펴보자. 이 여성은 과거의 나쁜 기억 때문에 다양한 히스테리 증상(경련, 섬망, 팔과 가슴 근육의 수축, 다양한 마비, 왼쪽 눈의 히스테리성 실명)을 앓고 있었다. 자네는 이 증상들이 생리 기간이 되면 시작되고, 동시에 증상이 나타나는 기간엔 스무 시간 정도는 생리가 멈춘다는 것을 관찰했다. 특히 섬망 상태가 되면 피와 불에 대해 말하며 소리를 지르고 불길을 피해 도망 다니는 것처럼 행동했다. 또 아이처럼 뛰어놀면서 엄마에게 말하고, 난로와 가구 위로 올라갔다. 마지막에는 언제나 각혈을 했다. 그런데 정작 이런 소동을 일으킨 본인은 자기에게 무슨 일이 일어났는지 몰랐다. 자네는 이런 증상들을 기초로 마리의 히스테리가 초경과 관련되었다고 가정하고, 히스테리의 원인으로 의심되는 문제의 시점(초경 장면)을 되돌리기위해서 마리의 동의를 구해 최면을 유도한다.

몽유적인 상태에서 이 젊은 여성은 어떤 사람에게도 감히 고백하지 못한 이야기를 들려준다. 사춘기에 그녀는 생리를 매우 역겨워했고, 그래서 첫 생리가 시작되는 것이 두려웠다는 것이다. 생리로 인한 첫 출혈이 있었을 때, 그것을 확인하고자 하는 마음에 차가운 욕조로 들어갔다고 한다. 고백을 하고 난 뒤, 그녀의 히스테리 발작이 멈추었고 생리도 정상적으로 할 수 있게 되었다.[*]

마리가 초경이 시작되었던 바로 그 순간을 기억해서 상설한 구체적인 이야기를 덧붙여 요약하면 이렇다. 열세 살 되던 해에 마리는 초경을 경험하게 되는데, 당시 그녀는 너무 수치심을 느껴 생리혈을 멈추게 하려고 차가운 물이 담긴 큰 욕조로 뛰어 들어갔다. 그러자 그토록 무섭게 느껴지던 생리혈이 갑자기 완전히 멈추었는데 그 충격 때문인지 오한이 들고 며칠 동안 환각에 시달렸다. 그런데 5년이 지나서 다시 이런 증상들이 시작되어서 자네가 있는 병원에 입원하게 되었다는 것이다. 마리는 이 모든 것을 정상적인 상태에서는 기억하지 못했다. 세부적인 내용들은 자네가 유도한 최면 상태에서 마리 자신이 목격해서 말한 그녀의 과거 장면들이다. 그녀가 떠올린 과거 이야기를 종합해서 분석한 뒤 자네가 내린 결론은 다음과 같다. 차가운 욕조의 환상이 매달 생리 기간마다 반복적으로 떠오르면 마리는 첫 생리가 시작되었던 13년 전의 그날처럼 오한으로 몸이 떨리고 생리혈은 흐르지 않게 되었다.

[*] 자네의 임상 사례는 루스 레이스Ruth Leys의 《트라우마: 계보학Trauma: A Genealogy》에서 재인용하였다.

하지만 바로 그날에 일어났던 일을 또렷하게 인식하고 그 것을 표현해냄으로써 마리의 생리는 정상적으로 돌아오고 오한과 환각 등 다양한 히스테리적 증상들도 사라지게 되었다.

자네가 치료를 담당한 또 다른 환자인 이레네의 경우, 마리의 사례와 같이 종국에는 치료가 되었다고는 암시되지만 치료 과정에서 서사적 기억으로의 전환에 실패하여 상당한 어려움을 겪은 것으로 알려져 있다. 이레네는 엄마의 죽음 때문에 외상을 입은 여성이었는데, 엄마가 죽고 난 뒤에도 그녀는 엄마를 잃었다는 사실을 자각하지 못했다. 대신 몽유적인 상태에서 반복적으로 엄마가 죽는 장면을 재연할 뿐이었다. 위기 상황에 처하면 이레네는 엄마가 돌아가실 때 그녀가 취했던 행동을 정확히 재연했다.

앞의 설명들에 비추어볼 때, 이레네의 행동은 사건과 직결된 행위의 재생산(조건반사적 행위처럼)일 뿐 그때의 경험을 제대로 인식하는 것이 아니다. 망각에 의해 결빙된 그 사건(죽음의 사건)은 그녀 자신의 삶의 역사로 흡수(통합)되지 못한 것이다. 따라서 엄마의 죽음이라는 원사건과 현재 이레네가 되살이하는 이상 행동의 의미가 연결되어야만 엄마의 죽음은 현실로 받아들여질 수 있다. 엄마의 죽음이 인식될 때, 비로소 이레네는 엄마가 부재하는 현실을 바탕으로 미래의 삶을 설계할 수 있게 된다. 서사적 기억은 바로 이 원사건과 망각 사이를 연결하는 다리 역할을 한다. 과거에 일어났던 일을 자신뿐 아니라 다른 사람의 삶과 연결(통합)하는 행위인 것이다.

이 행위는 고통스럽고 불쾌한 기억을 퇴치하고 박멸하는 것과는 분명 다르다. 앞의 트라우마 피해자들의 다양한 예들에서 관찰할 수 있듯, 트라우마적 기억은 몰아내고 박멸한다고 해서 뿌리 뽑히는 것이 아니지 않는가. 두 눈 질끈 감고 무시하면 무시할수록 더 흉악한 무기가 되어 되돌아오는 것이 트라우마적 기억이라는 것을 우리는 계속해서 확인해왔다. 생존자의 삶에 불쑥 치밀고 들어가 생존자로 하여금 자신도 모르게 고통스러운 경험을 되살게 하는 트라우마 기억과 달리, 서사적 기억은 생존자가 겪어야 했던 트라우마에 대해 다른 사람에게 이야기하고 그 이야기를 들어주는 사람의 도움을 받음으로써 트라우마를 현재의 삶 속으로 통합해 앞으로의 삶을 기획할 수 있게 돕는다. 이 과정에서 트라우마는 박멸되거나 제거되는 것이 아니라 오히려 현재의 삶에 흡수되고 통합된다. 이레네의 사례가 보여주듯, 과거에 벌어진 일을 똑바로 인식하지 못하면 트라우마는 현재의 삶에 합치될 수 없다.

마리의 경우 과거에 일어난 사건을 그대로 말하는 행위를 통해서 고통의 순간(장면)을 다시 맞닥뜨리지만, 이번에는 그 순간을 회피하지 않고 똑바로 마주함으로써 문제의 그 사건을 '정면 통과working through'한다. '정면 통과'는 어떤 특별한 계기로 인해 생존자가 처음에 겪었던 트라우마를 다른 시간과 다른 장소에서 다시 조우하는 과정에서 생겨나는 것이며, 이때 생존자는 과거처럼 수동적으로 반응하는 것이 아니라 능동적으로 대처하므로 '정면 통과'는 일종의 시간차 교정 행위이다. 따라서 정면 통과는 앞에서 정의된 서사적 기억의 의미와 상통한다고 말할 수 있다. 가령 초경 장면을 떠올려 이야기하는 대목에서 마리는 과거 되살이(초경의 순간과 다시 마주하기)라는 위기를 맞을 수밖에 없었다. 그러나 이번엔 그 장면으로부터 시선을 피하지 않고 끝까지 말함으로써 그녀의 증상이 사라지게 되었다. 요컨대 정면 통과의 과정은 자기가 행하는 바가 무엇인지 모르고 행위하고 자기에게 떠올려지는 이미지(장면)들이 무엇인지 모르고 보던 자기-분리적인 상태를 자기-통합적인 상태로 바꾸어놓는 것이다. 이것은 트라우마적 기억이 서사적 기억으로 전환되는 과정으로 이해될 수 있다. 생존자가 엄청난 용기를 가지고 과거와 다시 조우함으로써 본래 사건의 충격적인 힘이 마모되고, 그것은 아픈 이야기로 전달될 수 있는 것이다.

내 과거, 내 손으로 '포샵'하자

자네(그리고 프로이트) 이후 생존자 자신이 트라우마적 사건을 어떻게 경험했는지를 말하는 서사적 기억 행위는 외상을 회복하는 데 있어 매우 중요한 과정으로 여겨졌다. 그런데 정신의학 전문가와 트라우마 연구자들은 자네의 기억 서사를 중요한 치료 방법들 중의 하나로 채택하면서도 그가 끌어들인 '최면술'은 대개 거부했다. 최면을 통해 환자(피해자)가 떠올린 기억은 상당 부분 치료사의 도움을 받아 얻어진 결과물이기 때문에 환자 본인의 능동적인 의지가 다소 결여되었다고 보이거나 말하여진(기억된) 진실이 왜곡된 것일 수 있다는 이유에서였다.

오늘날 다양한 트라우마 치유에 직간접적으로 개입하는 현대 정신의학의 영역과 문학의 영역들은 최면술을 경유하지 않고 생존자 본인이 트라우마를 능동적이고 생산적으로 이야기하는 다양한 방식들을 제공하고 있다. 가령 증언, 이야기 치료, 그리고 내 삶의 글쓰기 등의 형태로 말이다. 이들 중 내 삶의 글쓰기는 최근 들어 각계각층에서 트라우마를 이야기하는 용이한 방식으로 환영받고 있다. 앞에서 설명된 강간 사건의 생존자인 브라이슨도 내 삶의 글쓰기를 통해 그녀의 트라우마를 '정면 통과'했음을 시사한다.

생존자의 자아는 일시적으로 능동적인(이야기하는) 주체와 보다 수동적인(이야기되는) 대상으로 나뉜다. 이렇게 되기만 해도 생존자는 트라우마를 겪으며 물건처럼 취급됐던 자아를 다시금 주체로 끌어올릴 수 있고 스스로에게 보다 많이 공감할 수 있게 된다. 성폭력을 겪은 지 수개월이 지난 후 나는 간신히 내가 겪은 일에 대한 이야기를 쓸 수 있었는데, 쓰고 나서 그것을 읽었을 때 비로소 "말도 안 돼, 이렇게 끔찍한 일이 일어났다니!" 하고 깨달았다.

자신의 삶을 씀으로써 외상에서 어느 정도 벗어났다고 주장한 또 다른 사람이 있다. 사십 대에 유방암을 진단받고 오른쪽 유방 절제술을 받은 오드리 로드Audre Lorde다. 미국 할렘가에서 태어난 로드는 어린 시절과 청소년 시기를 극심한 인종차별의 고난 속에서 보냈다. 그리고 성인이 되어 시인으로서 어느 정도 명성을 얻어갈 무렵에 유방암이 발병해 또 다른 차원의 고통을 경험하게 된다.

로드는 1978년에 자가 진단을 통해 오른쪽 가슴에 단단한 혹을 발견한 뒤 병원에 가서 유방암을 진단받고 두 달 뒤 바로 절제술을 받았다. 전 세계의 너무도 많은 여성들이 로드와 같이 유방암에 걸려 절제술을 받았다. 로드의 질병 경험은 어찌 보면 그리 특별한 일이 아닐 수 있는 것

이다. 그렇다고 그녀와 같은 질병 경험이 고통스럽지 않다
는 의미가 아니다. 타인은 경험하지 못한 자기만의 유일무
이하고 특별한 경험만이 트라우마적 사건이 될 수 있다는
것은 아니라는 말이다. 현대 트라우마 이론을 이끄는 학자
들 중에서 구조주의적 트라우마 이론가로 불리는 학자들
은 트라우마가 사건의 특별함 때문에 생기는 것이 아니라
충격적인 어떤 사건과 그 사건을 경험하는 사람의 능력 사
이의 간극, 그것을 말하고 해석할 수 있는 틀의 부재, 그리
고 그것을 껴안아주고 이해해줄 수 있는 주변 사람들의 도
움이나 공감의 부족으로 인해 발생한다고 주장한다. 로드
의 질병 경험이 트라우마가 된 것은 바로 이런 요인들 때
문이었다.

그렇다면 로드가 유방암 진단과 함께 절제술을 받은
경험을 바탕으로 기록한 일기의 내용을 살펴보자. 먼저 그
녀를 물리적으로 괴롭혔던 통증에 관한 이야기다.

로드가 병상에서 쓴 일기의 한 대목은 절제술을 받은
직후 깨어났을 때 밀려오는 통증이 진통제 없이는 견딜 수
없을 만큼 고통스러웠다고 회고한다. 하지만 다른 대목으
로 넘어가서는 감각이 마비될 정도로 심했던 통증도 시간
이 지나면서 누그러졌다고 말하고 있다. 그녀의 마음속에
쉬이 지워지지 않는 크나큰 상처를 준 것은 물리적인 통증
이 아니라는 얘기다. 로드에게 말할 수 없을 만큼 깊은 상

1980년의 오드리 로드

"억압에 우선순위란 없다"

할렘에서 나고 자라 레즈비언이라 커밍아웃한 오드리 로드는 여성, 인종적 소수자, 성적 소수자 등 다양한 약자의 시선에서 차별이 만연한 사회에 자신의 경험을 증언함으로써 목소리를 냈다. 이러한 로드의 행보는 훗날 페미니즘에 있어 개인을 둘러싼 다양한 권력의 결을 아울러 살피는 '교차적 페미니즘intersectional feminism'으로 이어진다.

처는 준 사건은 다른 곳에서 발생했다. 시간이 조금 지난 후에 로드는 아픔의 시발점을 기억해내는데, 그것은 유방암 회복 단체에서 파견된 자원봉사자와 그녀가 수술받은 병원의 간호사와의 만남으로 거슬러 올라간다.

로드는 자원봉사자 여성이 수술을 마치고 회복실에 있는 자신을 찾은 에피소드를 다음과 같이 기록하고 있다. 그 여성은 꾸러미에 가슴 보정 패드를 가득 담고 와서는 로드에게 착용해볼 것을 강권한다. 양털로 채워진 가슴 모양의 연한 살색 보정 패드가 이상하게 생겨서 로드는 그것을 꺼려하지만 자원봉사자는 착용하면 양쪽 가슴이 있을 때랑 똑같이 보일 것이라며 로드의 말을 무시한다. 자기도 절제술을 받고 보정 패드를 착용했는데 가슴이 예전과 다를 것 없어 보이니 고민해볼 필요도 없다는 것이다. 자원봉사자가 돌아가고 난 뒤 로드는 보정 패드를 착용해보고 거울을 통해 균형 잡힌 양쪽 가슴의 형태를 확인하지만 이내 그 패드를 빼버리고 만다. 로드는 당장 그녀 몸의 풍경이 급격하게 변형되었다는 현실(한쪽 가슴이 움푹 패인 채로 불균형을 이루는 몸의 풍경)이 이상하게 보인 것은 사실이지만, 그녀의 삶의 중요한 의미로 자리했던 한쪽 가슴이 떨어져나갔다는 사실조차 실감나지 않는 게 더 이상하게 여겨졌다고 한다. 아직 그 상실을 애도할 시간도, 그것을 받아들일 준비도 되지 않았는데 그 상처를 보이지 않게 가리라고 강요하는 상황을 어떻게 받아들여야 할지 당혹스러웠다는 것이다.

그 일로 인한 충격이 채 가시기도 전에 로드는 또 한 번의 충격적인 경험을 한다. 수술 후 며칠이 지나 집으로 간 로드는 수술한 부위의 실밥을 제거하기 위해 다시 병원을 찾는다. 문제의 사건은 바로 그날 병원 간호사와의 대화에서 벌어진다. 수술 후 첫 외출이라 멋지게 보이기 위해서 불편한 몸을 이끌고 겨우겨우 씻고 꾸며서 괜찮은 모습으로 병원에 당도했는데, 정작 간호사가 건넨 말들은 로드의 뒤통수를 치는 말이었다. 치장한 자신의 모습을 보고 '오늘 괜찮아 보이네요'라든가 '멋져 보이네요'와 같은 인사말을 건네주지 않을까 내심 기대하고 있던 로드에게 간호사는 "오늘 보정 패드를 하고 오지 않았네요? 적어도 진료실에 들어올 때는 무엇이라도 하고 오는 것이 좋겠어요. 그렇지 않으면 예의에 어긋나지요"라고 말한 것이다. 당시의 순간을 로드는 "허를 찔린 듯 충격적이었다"고 일기에 쓰고 있다.

여기서 자원봉사자와 간호사의 시각은 특정한 개인의 관점이라기보다는 가슴 절제술을 받은 여성을 바라보는 사회의 시각으로 보아야 할 것이다. 두 사람은 당시의 미학적 이데올로기를 전달해주는 역할을 하고 있을 뿐이다. 이들이 요구하는 것은 질병의 고통이나 한쪽 유방을 상실한 흔적을 다른 사람에게 보이지 않도록 얼른 봉합하는 것이다. 아직 물리적인 고통조차 가시지 않아서 로드 자신은 순간순간 죽음의 공포를 느끼는데, 거기다 상실의 현실까지 빨리 잊고 숨기라고 강요하니 로드에게 그들의 세계는 멀게만 느껴질 수밖에 없었을 것이다. 이 두 현실 사이에 벌어진 틈은 로드에게 극복할 수 없는 간극처럼 느껴져서 당시에는 제대로 말도 못하고 넘어갔던 것으로 보인다. 6개월 정도의 시간이 흘러 물리적인 통증이 사라져 가고 있을 때에도, 입원 당시 그리고 퇴원 후 수술 실밥을 제거하기 위해서 찾은 병원에서 받은 충격은 사라지지 않고 오히려 그녀의 삶을 더 괴롭게 했다고 로드는 쓰고 있다. 그리하여 수술 뒤 회복기에 접어들었을 즈음에 로드는 암 진단에서부터 수술, 그리고 치료를 받을 때 겪은 일들을 생생하게 기록한 일기를 다시 꺼내 읽고, 그것을 재구성해서 《암 일기》라는 에세이로 만들어낸다.

말하자면 《암 일기》는 물리적 통증과 심적 고통의 혼란스러운 감정을 있는 그대로 적은 일기가 아니라는 얘기다. 물론 그 속에는 고통 경험의 현실을 그대로 기록한 과거의 일기가 포함되어 있다. 하지만 에세이를 쓸 때 로드는 그때의 일기를 있는 그대로 읽지 않는다. 에세이의 이야기와 구별되도록 과거의 일기는 필기체로 표기하고, 또 필요한 대목만 선별해서 지금 현재 그녀가 말하고자 하는 내용에 삽입하는 식으로 과거 경험을 재구성한다. 그럼으로써 생고통의 감정이 누그러지지 않아 그녀 자신뿐 아니라 다른 사람들이 보기에도 혼란스러워 보였던 일기의 내용은 그녀와 비슷한 고통 경험을 공유한 사람들에게 도움이 되고 배움을 줄 수 있는 이야기로 탈바꿈한다.

가령 로드 자신이 쓴 일기에 따르면 수술 실밥을 제거하기 위해서 병원에 갔던 날, 간호사가 그녀에게 건넨 충격적인 말을 듣고 로드는 어떤 대응도 하지 못한 것으로 적혀 있다. 허를 찔려서 움쩍달싹 못한 채 그대로 얼어붙었다는 것이다. 하지만 그때의 일기를 다시 읽으면서 쓴 에세이 《암 일기》에는 그때와 같은 듯하면서도 다른 이야기가 전개되고 있다. 그때 미처 표출하지 못했던 치욕과 분노를 드러내며 다음과 같은 통쾌한 복수의 말도 덧붙여놓은 것이다.

이스라엘 총리, 모쉐 다이안Moishe Dayan이 텅 빈 그의 안와에 안대를 하고 의회나 TV에 나왔을 때 어느 누구도 그에게 의안을 하고 나오라든지 도의에 맞지 않다고 말하지 않는다. 세상은 그를 명예로운 상처를 가진 용사로 본다. (……) 만약 당신이 다이안의 텅 빈 안와를 보는 데 문제가 있다면, 사람들은 그것을 보지 못하는 것은 당신의 문제지 그의 문제가 아니라고 말한다.

그런가 하면 소심한 복수처럼 보이지만 알고 보면 매우 치밀한 계획하에 이루어진 사후 대처로 보이는 대목도 눈여겨볼 만하다. 회복기에 들어서 《암 일기》를 썼다고는 하나 그녀의 에세이는 질병 경험의 내용이 주를 이룬다. 그럼에도 《암 일기》를 읽다 보면 우리 독자는 이런 의문이 든다. 간호시기 잠깐 등장한 것을 제외하고는 왜 어떤 의료인들도 일기에 등장하지 않는가? 심지어 의사도 엑스트라처럼 스쳐 지나갈 뿐 유의미한 만남조차 기록되지 않는다. 말하자면 이 책에서 로드는 의사나 간호사의 일방적인 의료 담론은 침묵시키고 암 환자, 생존자, 그리고 작가로서의 로드의 입장에서 자신의 아픈 경험을 이야기하고 있다. 도려내진 한쪽 가슴의 상처 때문에 생고통의 비명을 질러도 진통제 주사로 그녀의 아픔을 억눌렀던 의료 권력에 대해서, 그리고 물리적인 고통은 물론 한쪽 가슴을 상실한 현실마저 잊어버리고 없었던 일로 하자는 의료 담론과 전문가들의 태도를 글쓰기로 되받아친 것이다.

그런데 만약 로드가 과거 일기에 적힌 내용을 액면 그대로 읽고 보여주면서 그때의 고통 경험에 몸서리치고 분노하는 선에서 그쳤다면, 아마 일시적으로는 속이 후련하고 기분이 나아지는 느낌을 받았을지 모른다. 하지만 그 순간이 지나면 원점으로 돌아가 문제의 사건에 제대로 대응하지 못한 것을 곱씹고 또 곱씹지 않았을까. 그러므로 한쪽 유방을 잃은 것은 단순히 종양이 있는 신체 부위를 잘라내는 것 이상의 의미를 가지며, 그로 인한 고통과 상처는 그것을 대신하는 보정물로 치유될 수 없다는 것, 도려내진 한쪽 가슴 때문에 신체 불균형이 생기긴 했지만 그 일그러진 풍경에 익숙해질 때까지 정상적인 신체 풍경에서 떨어져 나간 부분을 어루만지고 위로하겠다는 본인의 의지는 끝내 전달되지 못하고 마음속 깊이 묻혔을 것이다. 그렇게 되면 간호사나 자원봉사자와 같이 지배적인 의료 담론이나 미적 담론을 수용한 다른 사람의 눈엔 애도해야 할 것도 없고 상실의 현실도 없는데, 로드 자신만 잘려나간 그녀의 소중한 부분 때문에 여전히 환통을 느끼는 사람이 되지 않겠는가? 만약 로드가 그녀의 개인적인 생고통의 현실을 있는 그대로 열어 보이고 그 속의 상처를 헤집어서 계속해서 보라고 요구한다면 그 일은 자신뿐 아니라 다른 사람들에게 그 고통을 전염시킬 수 있다는 얘기가 된다.

피해자 혹은 생존자 자신에게 여전히 생생한 트라우마적 고통을 일상적인 말로 이야기한다는 것이 배반적인 행위로 여겨질지 모른다. '비극적이다', '끔찍하다', '슬프다', '힘들다' 등의 일상적인 감정의 언어로는 트라우마적 경험을 있는 그대로 보여주고 전달하기란 거의 불가능하기 때문이다. 가령 군대 간 자식이 억울한 일로 목숨을 잃었는데, 군 당국은 '의문사'라고 발표하고 언론은 '비극적 사건'으로 기록하고 지나간다면 그것은 희생자 부모에게 속된 말로 기가 막힌 일이 아닐 수 없다. 현실에서 일어날 법하지 않은 일을 그런 일상적인 말로 표현하고 나면, 그 엄청난 사건은 실제로 '가슴 아픈 일' 정도로 축소되고 말 것이 아닌가. 자식이 어떻게 죽었는지도 모르는 부모에게 자식의 죽음을 그렇게 말하는 것은 또 다른 상처를 주는 일이 될 수 있다.

다른 한편으로 이 불가능해 보이는 일이 실제로 재현되면 그것도 문제가 아닐 수 없다. 《아듀》의 결말이 바로 이런 상황이 벌어졌을 때 얼마나 큰 문제가 발생하는지를 잘 극화해서 보여준다. 《아듀》는 스테파니가 죽고 난 뒤 얼마 지나지 않아 필리프 역시 스스로 목숨을 끊는 것으로 이야기의 끝을 맺는다. 스테파니에게 되살아난 과거의 고통이 필리프 자신의 마음에도 고스란히 전해지면서 그 역시 엄청난 정신적 충격을 받고 죽음을 선택한 것이다. 완벽한 과거 재현을 통해 귀부인 스테파니의 정체를 찾아주었는지 모르지만, 동시에 오염된 그녀의 정체까지 되불러들임으로써 그 역시 함께 목격할 수밖에 없었던 그녀의 과거 참상을 끝내 참아낼 수 없었던 것으로 보인다. 《아듀》의 결말은 과거를 있는 그대로 상기해서 곱씹어야만 진실이 전해지고 또 진짜 우리가 되며, 그럼으로써 과거의 상처와 고통으로부터 완전히 벗어나는 것이 아님을 알려준다.

지금까지 우리가 보아왔듯 트라우마적 기억에 사로잡힌 사람은 자신이 경험한 사건을 머릿속에 떠올리는 것조차 두려워서 언제나 그 주변을 맴돌다 제대로 된 일면식도 못하고 돌아서고, 또 다시 그 두려운 문제를 해결하기 위해서 문제의 과거에 접근하려는 시도를 계속해서 되풀이했다. 누구보다도 안타까운 순간들을 어렵게 겪어내고 용기 있는 생존자로 거듭난 브라이슨과 로드는 그런 악순환의 고리를 끊기 위해서는 마술적인 믿음을 버려야 한다고 조언한다. 외과적 수술로 환부를 도려내 없애듯, 트라우마의 괴물적인 힘을 한 방에 물리치려는 환상적인 믿음을 가져서는 안 된다는 것이다. 뿐만 아니라 과거의 두려운 순간으로부터 무작정 도망가서도 안 된다고 조언한다. 문제가 무엇인지 알아야 그것을 해결할 가능성도 열리는 법이니까.

　　과거 문제의 해결을 위해서 두 생존자가 공통적으로 제안하는 첫 번째 단계는 엄청난 외부 자극에서 살아남기 위해서 외면하고 망각했던 원사건과 대면해서 그 일이 도대체 왜, 어떻게 일어났는지를 이해하는 것이다. 그러기 위해선 비무장 상태로 급습당하듯 대재앙적 사건을 맞이했던 첫 경험 때와 달리 이번에는 어느 정도의 무장을 하고 맞서야 한다고 첨언한다. 그래야만 도래하는 사건에 압도당하지 않을 테니까.

프리다 칼로, 〈기억(심장)〉(1937)

**내 인생에서 심각한 사고가 두 번 있었다. 첫 번째는 교통사고였고, 두 번째는
디에고였다.**

프리다 칼로는 자신의 개인사를 담아낸 자화상들로 유명하다. 그의 평생의
연인이었던 디에고 리베라가 자신의 동생과 외도한 사실을 알게 된 칼로는
그 아픔 또한 그림을 통해 드러냈다. 짧게 깎인 머리나 흰 드레스, 화살이
관통한 가슴은 리베라의 배신으로 느낀 영혼이 텅 빈 듯한 깊은 슬픔을 상
징한다. 발치에 버려진 심장은 피를 쏟아내고 있다. 칼로의 양 팔이 달린 허
공의 옷들은 리베라를 만난 시절에 입던 교복과 리베라를 만나고 사회주의
운동을 하며 입게 된 멕시코의 전통 의상, 곧 더 이상 자신의 것이 아니게
된 의복들이다.

브라이슨과 로드는 펜이라는 무기를 가지고 그들의 의식을 마비시키고 입을 틀어막았던 과거의 괴물과 맞서 싸웠다. 펜을 들고 있는 그들에게, 무력 함대 같은 과거의 위력은 위협적이었지만 결국엔 패배하고 말았다. 성적 쾌락을 위해 무방비의 여성을 구덩이에 처박고 야만적인 폭력을 가한 강간범과 절제술로 말미암아 한쪽 유방만을 가지게 된 여성의 상처를 존중하지 않고 그것을 감출 것을 강요하는 의학과 미학 담론들은 펜을 가진 생존자들에게 사후적인 반격을 당함으로써 그 위력이 약화되었다. 물론 과거 괴물의 가공할 만한 힘이 단 한 번의 글쓰기에 제압되었다고 장담하기는 어렵다. 하지만 그런 엄청난 힘에 대항할 수 있는 방법을 알고 방어력을 갖추게 되었으니 예전처럼 두 눈을 질끈 감고 과거의 소용돌이가 일으키는 혼돈이 지나가기를 숨죽이며 기다리지 않아도 된다. 오히려 눈을 크게 뜨고, 현 위치에서 소용돌이치는 과거의 지점을 파악함으로써 앞으로의 경로를 예측하고 사전에 피해를 막을 수 있게 된 것이다.

허구 속의 정신적 외상 피해자 스테파니에서부터 현실 세계의 실제 생존자인 로드에 이르기까지 트라우마에 관한 앞의 많은 이야기들은 분명 기억의 중요성을 일깨워주고 있다. 그러나 그만큼 망각의 필요성도 함께 강조한다. 외상을 입은 피해자에게 망각은 생존을 위한 불가피한 조건(혹은 선택)인 동시에 기억은 정상적인 망각을 위한 필수적 조건이 된다는 것, 말하자면 기억이 생존을 위해서 반드시 필요한 만큼 망각 역시 생존을 위해 꼭 필요하다는 것이다.

망각의 가치,
그 필요성

무엇을 잊어야 하는가?

낙관 편향은 미래에 틀림없이 닥쳐올 고통과 고난을 정확하게 지각하지 못하도록 우리를 보호하고, 인생의 선택권을 제한된 것으로 보지 않도록 우리를 지켜줄 것이다. 이런 낙관 편향을 유지하기 위해 뇌는 무의식적 망각을 설계해두었다. 그 결과, 스트레스와 불안이 줄면서 몸과 마음이 더 건강해져 행동하고 생산하려는 동기가 강해진다.

뇌과학자 탈리 샤롯

단기 기억상실증에 걸린 〈메멘토〉의 주인공 레너드, 그리고 자신이 누구인지 전혀 알지 못해 늘 쫓고 쫓기며 불안한 삶을 살아가야 하는 '본' 시리즈의 제이슨 본과 같은 허구적인 인물들은 기억이 인간 개체의 생존에 얼마나 중요한 요소인가를 입증해준다. 굳이 허구적인 인물들의 예를 빌리지 않더라도 당장 우리의 일상적 삶에서도 그 증거들은 얼마든지 있다.

가령 독성이 있는 것, 질병, 천재지변과 같은 위험한 것들을 피하게끔 학습되고 유전되지 않았다면 우리 인간은 벌써 지구상에서 멸종되었을 것이다. 그렇기 때문에 기억은 생존에 유리하도록 매우 다양한 형태로 변화되거나 진화될 수밖에 없었다. 그러나 망각의 유전자 역시 개체의 생존이나 증식에 유리하도록 살아남았다는 것을 입증하는 다양한 실험들이 최근에 제시되고 있다. 《망각의 즐거움》에서 임희택은 망각 능력과 생존 가능성 간의 상관관계를 증명하기 위해서 한 연구소가 수행한 실험을 예로 든다.

독일 막스 플랑크 연구소의 빌 루츠 박사 팀은 유전 공학을 통해 망각에 관련된 신경전달물질 수용체가 없는 쥐를 만들어냈다. 망각 능력이 사라진 쥐에게 종소리를 들려주고 난 뒤 발에 전기 충격을 주는 작업을 반복했다. 실험 쥐는 종소리를 듣고 난 뒤 전기 충격이 온다는 기억을 갖게 되었는데, 일반적인 쥐처럼 그 충격의 경험을 잊어버리지 못했다. 그 뒤 종소리만 들려주고 전기 충격은 주지 않았는데, 그럼에도 실험 쥐는 종소리를 들으면 여전히 고통스러워했다. 망각 기능을 잃어버렸기 때문에 종소리만 들리면 고통을 느끼고 스트레스를 안고 살게 된 쥐는 적자생존의 법칙에 따라 생존에 불리한 개체가 되어 사라질 가능성이 많아졌다.

이 실험은 환경에 보다 더 잘 적응할 수 있는 유익한 변이를 가진 개체가 생존할 가능성이 많아진다는 다윈의 자연선택설에 따를 경우, 망각할 수 있는 능력을 가진 쥐가 더 오래 살아남아 그 능력을 후손에게도 전달할 수 있다는 것을 시사한다. 더욱이 망각에 관여하는 유전자들은 이미 알려져 있다. 이런 이유로 카이스트 김대수 교수는 인간의 기억력의 증가 효과를 내기 위해서 망각 유전자들을 약물로 억제하려는 시도에 대해서는 신중할 필요가 있다고 말한다.

살아가면서 갑자기 망각하는 일이 늘어났다면 현재 일상을 스트레스로 여기고 빨리 과거 일로 만들려는 망각 유전자들의 활동이 시작됐다고 볼 수 있다. 만일 괴롭고 아픈 상처들이 망각되지 않고 우리를 괴롭힌다면 어떻게 될까. 과거에 일어난 경험들이 시간에 따라 정돈되지 못하고 현실 세계를 지배한다. 현재의 기억을 빨리 정리해서 망각하는 것도 뇌의 고등한 기능이기 때문이다.

우리는 이미 트라우마의 피해자이자 생존자인 사람들의 사례에서 망각의 가치를 발견한 바 있다. 물론 망각 상태가 장기화될 경우, 그로 인한 병리적인 증상들 역시 심각해져 극단적인 경우엔 피해자의 생명도 위협받을 수 있다는 것을 간과해서는 안 될 것이다. 그럼에도 인간 개체의 방어 능력을 와해할 수 있는 엄청난 외부 자극에 대해 망각의 방어기제를 활용함으로써 일시적인 파국을 막은 트라우마의 피해자와 생존자의 사례는 망각이 인간에게 보호막을 제공해준다는 중요한 사실을 알려주었다.

그렇다면 망각 기제는 천재지변, 질병, 트라우마와 같은 한계 사건에서만 선택될까? 좋았던 일이나 일상의 소소한 행복에 대해서는 어떤가? 우리는 통상적으로 행복하고 좋았던 일은 오래도록 우리의 마음속에 박혀 지워지지 않기를 바란다. 그러면 행복하고 유쾌했던 순간이 현재는 물론 미래에까지도 연장될 것이라고 생각하기 때문이다. 창조적 마인드에 관해 연구해온 하버드대 심리학과 교수 엘렌 랭거Ellen Langer는 전부는 아니지만 웬만큼 좋았던 일도 잊는 게 좋다고 권고한다. 과거 동료와 잘 지낸 즐거운 기억이 있다 하자. 그런데 현재 새로 만나게 된 동료를 대할 때 그전에 좋은 관계를 맺었던 다른 동료와 비교하다 보면 과거의 기억은 관계의 진전을 가로막는 장애가 될 수도 있다.

이것은 지식의 유무가 창의성 발휘에 어느 정도 영향을 미치는지를 실험한 랭거의 실험을 통해서 우회적으로 설명될 수 있다. 랭거 교수는 강의실 바닥을 강으로 가정하고 학생들에게 강 위에 작은 나무 블록을 이용해 다리를 만들도록 지시했다. 이어 한 그룹의 학생들에게는 블록 사용법을 먼저 보여주고, 다른 한 그룹은 사전 정보 없이 그냥 작업에 바로 들어가게 했다. 결과는 블록 사용법을 보여준 그룹의 92퍼센트가 사전에 보여준 예시와 같은 방법으로 블록을 쌓았고, 다른 한 그룹에서는 그 실례대로 다리를 만든 사람이 8퍼센트에 불과했다. 또 미리 정보를 제공받은 그룹에서는 다리 만드는 방법이 두 가지 나왔고, 그렇지 않은 그룹에서는 훨씬 더 다양한 방법이 나왔다. 이 실험은 예비 지식을 갖고 있으면 그 범주 내에서 사고하게 되어, 특히 창의적 발상이 필요한 경우에 오히려 기억된 정보나 지식이 장애가 될 수 있음을 알려준다.

기억하는 능력만 진화한다면?

아르헨티나의 소설가 호르헤 루이스 보르헤스의 단편집 《픽션들》에는 기억의 천재로 불리는 푸네스의 이야기가 포함되어 있다. 푸네스는 말을 타다가 떨어져 의식을 잃는데, 의식이 회복되었을 때 아주 오래되거나 심지어 너무도 사소한 것도 세부적으로 기억할 수 있는 능력을 얻게 되었다. 하지만 지각력과 기억력이 완전한 대신 그의 팔과 다리는 마비된 채로 살아가야만 했다. 사고 후 그가 습득하는 세상은 우리와 달랐다. 엄청난 양의 책을 읽어서 고전문학 작품들에 대한 방대한 기억을 축적하지만 정작 단어 너머의 의미를 이해하지 못했다. 일상의 경험에 대한 기억도 일반적인 인간 능력을 넘어선다.

그는 1882년 4월 30일 동틀 무렵 남쪽 하늘의 구름 모양을 알고 있었으며, 기억 속의 구름과 딱 한 번 보았을 뿐인 어느 책의 가죽 장정 줄무늬, 혹은 케브라토 전투 전야의 네그로강에서 어떤 노가 일으킨 물보라를 비교할 수 있었다. (……) 그는 모든 꿈이나 선잠을 자면서 본 모든 것들을 재구성할 수 있었다. 두세 번에 걸쳐 그는 하루 전체를 왼진히 새구성했다. 전혀 머뭇거림이 없이 진행된 이런 재구성에 꼬박 하루가 걸리곤 했다.

사정이 이렇다 보니, 푸네스는 자기가 지니고 있는 기억이 세상이 생긴 이래 모든 인간이 가졌을지 모르는 기억보다 더 많다고 느끼고, 또 일반 사람들이 깨어 있을 때의 상태가 그가 꿈을 꾸고 있는 상태와 같다 보니 새벽이 올 때쯤이면 그의 기억은 쓰레기 더미와 같다고 푸념한다. 인생의 성공은 고사하고 소소한 일상의 행복도 누려보지 못한 기억 천재 푸네스는 그 엄청난 기억력의 저주 때문에 스물한 살의 나이로 생을 마감하게 된다. 보르헤스는 우리가 완벽한 기억력을 갖게 되면 더 이상 일반화도 추상화도 할 수 없고, 과거로 난 세부적인 미로 속에 갇혀 길을 잃어버릴 수 있다고 주장한다. 그렇게 되면 인간으로서의 근본적인 능력도 잃게 되어 결국 생존의 가능성이 매우 낮아질 수밖에 없지 않겠는가?

그런데 보르헤스가 소설로 상상한 것이 실제 현실

아르헨티나 국립 도서관에서의 호르헤 루이스 보르헤스(1973)

"상상력은 기억과 망각에 의해 만들어지는, 그 둘을 섞어놓은 것"

보르헤스는 본인부터가 놀라운 기억력의 소유자이기도 했다. 한번 읽은 책들을 온전히 기억했으며 자신이 쓴 글 역시 다시 보지 않아도 구절을 다 읊을 수 있어서, 도서관에서 평생을 보낸 그의 개인 서재는 오히려 단출했으며 자신의 저서는 따로 보관하지 않았다고 한다. 젊은 시절부터 약시로 고통받던 보르헤스에게 55세에 찾아온 완전한 실명은, 어둠 속에서 기억을 더욱 명징하게 하는 새로운 시공간을 선사했다.

에서 일어났다. 2006년 2월, 뇌과학 분야의 유력한 학술지 중 하나인 《뉴로케이스Neurocase》에 실린 한 논문이 큰 화제가 됐다. 논문의 제목은 '비상한 자서전적 기억의 사례'. 캘리포니아 대학 신경생물학과의 엘리자베스 파커 Elizabeth S. Parker를 비롯한 세 명의 연구진이 함께 연구한 결과를 담은 이 논문에는 어떤 날싸를 제시하든 그 날짜에 벌어진 역사적인 사건과 사고를 상세히 기억할 뿐만 아니라, 그날 자신이 먹은 음식들과 만났던 사람들까지 완벽하게 기억하는 AJ의 사례가 등장한다. 연구팀은 전 세계적으로 그 유래를 찾을 수 없는 대단한 기억력을 설명하기 위해 '과잉 기억 증후군Hyperthymesia'이라는 새로운 용어를 만들어야만 했다. AJ의 뇌 영상 촬영 결과 일화 기억*의 인출을 담당하는 좌우 대뇌피질의 특정 영역이 일반인들에 비해 큰 걸로 나타났다. 얼핏 보면 축복처럼 보일 수 있는 이 엄청난 기억력은 AJ에게 커다란 고통이기도 했다.

AJ는 열한 살 때 이후로 실제로 거의 모든 날의 일들을 기억한다. 지난날의 특정 부분이나 대략의 느낌이 아니라 아주 사소한 것까지 세부적으로 기억한다. 30년 전 아침에 무엇을 먹고, 누구랑 통화했는지를 기억한다. 20년도

---

*   명시적 기억의 한 종류로 개인의 경험, 즉 자전적 사건에 대한 기억이다. 시간, 장소, 상황, 감정 등에 대한 맥락이 포함되어 있다.

더 지난 과거 어느 날에 시청했던 TV 토크쇼, 그것도 매 회마다 어떤 일이 일어났는지도 기억한다. 애써 기억하지 않아도 떠올려지는 기억들 중에는 별로 생각하고 싶지 않은 일들도 포함되어 있어, 부정적인 감정의 소용돌이에 빠지게 하는 경우도 있다. 가령 어린 시절 들었던 상처가 되는 말들과 남편을 잃은 기억 등 떠올리고 싶지 않은 일들, 뇌종양으로 수술을 받은 어머니가 위기에 빠지는 과정, 당뇨를 앓던 남편이 죽음에 이르는 과정을 지켜보면서 겪은 고통 등은 오래도록 기억할 수밖에 없다. 긍정적인 기억을 선별하는 능력이 없는 그녀에게 그 특별한 재능은 축복이라기보다는 재앙이 되는 것이다.*

　　알렉산드르 로마노비치 루리야의 《모든 것을 기억하는 남자》로 돌아가보자. 이 책은 음악가와 기자로서 실패하고 직업적인 전문 기억술사가 된 S의 놀라운 기억력에 관한 30년간의 연구 내용을 담고 있다. S의 뛰어난 기억 능력을 발견한 것은 그가 기자 생활을 하던 중 지시받은 말을 필기도 하지 않고 정확히 기억한다는 것을 편집장이 알아채면서부터였다. 그의 놀라운 기억력에 호기심이 생긴 편집장이 그를 루리야에게 보내면서 본격적으로 그에 대

---

*　　질 프라이스·바트 데이비스, 《모든 것을 기억하는 여자》, 배도희 옮김, 북하우스, 2009 참조.

한 기억 연구가 시작되었다. S는 많게는 70개나 되는 단어나 숫자를 연이어 제시받아도 그것을 순서대로 혹은 역순으로 외워서 말하고, 여러 행렬의 숫자표를 보고 몇 분 뒤에 그것을 한 줄씩 혹은 거꾸로 혹은 대각선으로 기억하는 묘기를 선보였다. 며칠, 몇 주, 몇 년의 간격을 두고 심층적인 검사를 시행한 결과, 부리야는 S의 기억 용량과 정확성, 그리고 기억 흔적의 지속성이 무한하다는 결론에 이른다.

검증된 기억 능력을 가지고 S는 매일 저녁 수차례 공연을 하며 엔터네이너로서의 삶을 영위해나갔다. 칠판에 쓰여 있는 숫자들을 보고 난 뒤 그것들을 가리고 그 숫자들을 기억해내는 묘기들이 주로 선보여졌다. 그런데 문제는 그의 기억력이 지나치게 완벽하다는 것이었다. 같은 날 저녁에 앞서 했던 공연, 심지어 며칠, 몇 주 전 공연의 칠판에 쓰여 있던 숫자들이 함께 회상되면서 현재 이루어지고 있는 공연에 방해를 받는다는 것이다. 공연의 횟수가 늘어나면 늘어날수록 지워지지 않는 기억의 흔적으로 인한 애로사항은 더 커져만 갔다. S는 이처럼 지워지지 않고 고집스럽게 남아 있는 이미지들을 만들어내는 능력이 사물에 대한 특별한 지각 때문이라고 말한다. "나는 어떤 단어를 그것이 불러일으키는 이미지뿐 아니라 그 이미지가 불러오는 전체 감정의 복합체로 인식한다. 표현하기 어렵지만 (……) 그것은 시각이나 청각상의 일이 아니고 내게는 어떤 전박纏縛적인 감각이 느껴지는 것이다."

S의 기억력은 놀라우리만치 푸네스의 것과 비슷하다. 그런 까닭에 S 역시 푸네스와 똑같은 실패를 겪으며 살았다. 푸네스처럼 S의 비범한 기억도 실제 그의 경험과 복잡하게 뒤엉켜 있었다. 무엇을 읽든 간에 그가 보는 것은 진짜가 아니며, 그 맥락을 벗어나기 일쑤였다. "내가 어떤 궁전에 대한 묘사를 읽고 있으면 어떤 이유에서인지 그 큰 방들이 항상 내가 어려서 살던 아파트의 방들로 변해버린다." S는 완벽한 기억력 때문에 일상생활이 불편해지고, 심지어 평범한 일조차 완수하지 못하는 경우가 다반사가 되어갔다. 한 가지 직업에 전념하지 못해 여러 직업을 전전했지만 모두 제대로 해내지 못했다.

완벽한 기억력은 그가 평범한 일상을 영위하는 데 도움을 주기는커녕 오히려 방해하고 힘들게 만들었다. S의 모습을 지켜본 루리야는 다음과 같은 결론을 내린다.

그가 살고 있었던 상상의 세계에서 그는 겨우 잠시 지나가는 손님이었을 뿐이다. 실제 현실에서 어느 것이 그에게 더 실제였는지 말하기 힘들 것이다.

요컨대 기억은 AJ와 S 둘 다에게 탁월한 재능을 부여했지만 동시에 구속과 제약을 주었다. 다른 사람들에게 신

101

기하고 심지어 경외감을 불러일으키는 존재로 보이게 된 대신에 어떤 것을 결정하고 실행에 옮기는 능력을 저하시켰고, 기억을 덜하는 사람들과 친밀한 관계를 맺는 것을 방해했다. 심지어 완벽한 기억은 좋은 의도로 쓰일 때조차도 제 과거에 사로잡혀 진일보하지 못했다. 추상적 사고가 불가능해진 두 사람에게 완벽한 기억력은 근본적인 인간의 능력을 잃게 할 수 있는 살상 무기인 셈이다.

디지털 기억 감시 시대의 위험

비범한 기억 능력을 가진 사람들에서 나타나는 역설적인 효과에서 보았듯이, 인간에게 망각은 생존에 핵심적인 요소이다. 그렇다면 이런 완벽한 기억 때문에 망각의 상실을 경험하는 사람은 AJ나 S와 같은 특별한 사람들뿐일까? 《잊혀질 권리》에서 빅토어 마이어 쇤베르거는 디지털 시대에 살고 있는 우리 대부분이 바로 그 경험의 대상이 될 수 있다고 경고한다. 쇤베르거가 그런 위험성에 대한 예로 제시한 몇 가지의 실제 사례들을 살펴보자.

밴쿠버에 사는 60대 후반의 심리 치료사 앤드류 펠드마Andrew Feldmar는 2006년 어느 날 친구를 마중하러 가기 위해서 백 번도 넘게 오갔던 미국-캐나다 국경을 넘으려 했다. 이때 국경 경비대원은 인터넷 검색 엔진에서 펠드마를 검색했고, 1960년대에 그가 환각 물질 LSD를 흡입했다는 기록을 발견했다. 그 대목은 펠드마가 2001년에 학제 간 연구 논문집인 〈제이너스 헤드Janus Head〉에 기고한 논문 「환각제와 심리 치료」에 언급한 것이었다. 거의 40년 전의 과거 한 조각 때문에 펠드마는 네 시간 동안 억류당해서 지문을 찍고 마약 전적을 인정하는 진술서에 서명한 뒤, 미국 입국 금지 통보를 받는다. 펠드마는 현재 성공한 직업인으로 1974년 이후로는 범죄 기록상 마약을 일절 투약하지 않은 것으로 밝혀졌다. 그럼에도 완벽한 기억력을 갖게 된 디지털 기술은 오래전에 잊혔던 과거의 편린을 들춰내 현재의 그를 옭아맨 것이다.

스테이시 스나이더Stacey Snyder라는 여성도 자신의 사진을 웹페이지에 올렸다가 펠드마와 같은 수난을 겪었다. 25살의 '싱글맘'이었던 스나이더는 대학 과정을 마치고 교사가 될 날을 고대하고 있었다. 그런데 대학 당국의 호출을 받고 참석한 자리에서 그녀는 교사가 될 수 없다는 통보를 받게 된다. 교사 자격에 필요한 모든 요건을 갖춘 그녀가 교사 자격증을 받을 수 없었던 것은 과거 그녀가 저지른 잘못된 행실 때문이라는 것이었다. 해적 모자를 쓰고 플라스틱 컵에 술을 따라 마시는 모습을 담은 사진 한 장을 그녀의 마이스페이스 페이지에 올린 것이 문제였다. 친구들에게 보여주기 위해서 '술 취한 해적'이라는 제목을

붙여서 올렸던 사진 한 장이 홀로 아이를 키워내며 착실하게 공부한 그녀의 현재를 뒤바꾼 결정적 요소가 된 것이다. 쇤베르거는 "이 사건이 스테이시의 교사 자격을 승인하지 않은 학교 당국 결정의 부당함이나 어리석음에 관한 것이 아니라, 그보다 훨씬 더 심각한, 망각의 중요성에 관한 문제"라고 말한다.

유사 이래 인간은 망각으로 인한 오류나 취약함을 극복하기 위해서 다양한 기억 보조 장치들을 발달시켜왔다. 그런 보조적 장치들은 오류나 실책을 범하는 인간을 바로 잡아 주는 평형추의 역할을 했다. 적어도 아날로그 방식이 주된 기억 장치였던 시대까지만 해도 그랬다. 그러나 디지털 방식으로의 전환은 너무 기념비적이어서 이제 망각과 기억 사이의 균형이 깨진 채 기억하는 일이 더 쉬워졌다. 디지털 저장 장치들이 저렴해지고 누구나 손쉽게 검색할 수 있으며, 전 지구적으로 접근이 용이해졌기 때문이다. 이런 세상은 1930년대에 허버트 조지 웰스가 꿈꾸었던 유토피아였다. 그는 "세계의 뇌"를 통해 인간이 모든 개인들에게 접근할 수 있는 세계를 상상했다. 디지털 시대의 우리가 바로 그 세계의 뇌를 얻은 듯 보인다. 구글을 두고 "우리가 우리 자신에 대해서 아는 것보다 우리에 대해서 훨씬 많은 것을 알고 있다"라고 하지 않던가.

나를 잊어주세요: 모든 것을 기억하는 사회

2014년 SBS에서는 〈나를 잊어주세요: 모든 것을 기억하는 사회〉라는 제목의 스페셜 프로그램을 방영한 적이 있다. 이 프로그램은 앞선 사례자들과 멀리 떨어져 있는 한국에서도 망각의 상실이 많은 피해자들을 양산하고 있다는 사실을 알려준다. 프로그램에 등장하는 피해자들은 디지털 시대를 살아내고 있는 동시대인들에게 망각의 상실이 야기하는 비극을 경고하고 그 대비책을 촉구한다. 가령 남자 친구가 불법 촬영한 성관계 동영상이 인터넷에 유포되어서 신원이 밝혀질 것을 두려워하는 한 여성은 대인기피증과 불면으로 고통받고 있다고 말한다. 남자 친구는 컴퓨터가 해킹을 당해서 그런 일이 벌어졌다고 주장하지만, 문제는 그 동영상을 촬영하는 데 피해자가 동의한 적이 없었다는 것이다. 제발 '나를 잊어달라'라고 애원하는 이 여성은 앞의 다른 나라의 사례자들과 다르게 자신이 원해서 그 정보가 컴퓨터(기억 장치)에 저장된 것이 아니라는 점이다.

호기심으로 시작한 SNS 채팅에서 상대 남자에게 자신의 알몸 사진을 보낸 한 여고생이 그 남자로부터 협박에 시달리고 있는 사연도 있다. 그 여고생은 사건의 심각성을 뒤늦게 깨닫고 그녀의 알몸 사진을 보유하고 있는 남자에게 그 사진을 삭제할 것을 요구했지만 거절당했다. 그 일

로 인해 그 여고생은 극단적인 선택까지 생각한다고 고백
했다.

　　이러한 디지털 성범죄를 비롯한 디지털 기록의 문제
를 해결하기 위해 생각보다 많은 사람들이 디지털 기록 삭
제 업체를 찾는다고 한다. 국내 1호 디지털 기록 삭제 업체
산타크루즈컴퍼니 김호진 대표의 말에 따르면 위와 비슷
한 경우나 혹시 모를 피해를 두려워하는 예비 신부, 페이
스북 게시글이 걱정되는 취업 준비생 등이 주된 고객층으
로, 상담 전화가 보통 하루에 300건 정도 걸려 온다고 한
다.* 구글의 회장이었던 에릭 슈미트는 소문조차도 그 수
명이 영원해질 것이라고 말한 적이 있는데, 이 말은 지금
보다 앞으로 사생활과 평판에 대해 보다 포괄적이고 쉽게
접근할 수 있는 외부 디지털 장치들이 개발될 것임을 시
사하는 것이다. 우리 사회가 그만큼 망각의 능력을 잃어갈
위험도 커질 수 있다는 얘기이도 하다.

---

* 　2013년 9월 30일자 〈한국일보〉에 게재된 「찜찜한 과거 지우고
　싶은 예비 부부·취업 준비생이 주 고객」에서 김호진 대표의 인
　터뷰 내용을 참고한 것으로, 산타크루즈컴퍼니가 관련 특허를
　등록하고 '잊혀질 권리 사업'을 본격적으로 시작하여 주목을
　받았던 당시에도 상담 전화가 하루 100통가량 걸려왔다고 한
　다. 산타크루즈컴퍼니처럼 디지털 기록을 삭제하는 직업이나
　그 업종을 "디지털 세탁소", "디지털 크리닝", "디지털 장의사"
　로 부르는 신조어까지 생겨났다.

모든 것을 기억하는 사회, 망각하는 것을 잊어버린 사회는 어떨까? 앞에서 우리는 망각이 인간 개인의 생존과 진화에 핵심적인 요소임을 확인했다. 그런데 망각은 사회적 차원에서도 핵심적 중요성을 갖는다. 망각은 앞서의 피해자들에게는 추가적인 피해를 막을 수 있는 중요한 기능을 하며, 실패한 개인들에게 새로운 기회를 제공하는 역할도 해왔다. 파산을 하고 사회적으로 비난을 받은 사람도 세월이 흐르면 잊혀진다. 심지어 실효 기간이 지나면 전과 기록은 사라져 조회가 불가능해지지 않는가?* 사회 구성원에게 이와 유사한 관용이 허용되어야 한다. 과거의 잘못을 거울삼아 보다 더 나은 미래를 만들려는 사람들에게 사회적 망각과 외부 기록 삭제는 성숙의 계기를 제공한다.

그러나 디지털 금욕주의자(디지털 세상과 등지며 아날로그적으로 살아가는 사람)가 되지 않는 이상, "세계의 뇌"를 가진 디지털 시대의 사람들에겐 이 같은 망각의 혜택을 누릴 기회는 거의 없어 보인다. 아무리 사소한 실수라도 그 흔적을 지워낼 수 없으니 관용이나 용서도 어렵게 되었다. 그렇다 보니 현재의 삶이 과거의 기록에 묶여 한 발자국도 나아갈 수 없는 상황이 벌어지기도 한다. 펠드마나 스나이더의 경우처럼 인터넷이나 SNS에 남긴 한 구절

* 경찰·검찰의 범죄 기록에는 남아서 조사에 활용될 수 있다.

의 말, 그리고 추억의 사진 한 장이 개인에게는 보다 긍정적으로 변화된 현재의 정체성을 제약하고, 또 심지어 새로운 삶의 기회를 빼앗기까지 한다. 그런 까닭에 〈나를 잊어주세요〉에 등장한 모든 피해자들은 직접적인 가해자뿐 아니라 인터넷이나 SNS를 통해 그들의 정보에 접근하게 될 잠재적인 가해자들에게 제발 자신들을 잊어줄 것을 간곡히 호소했다. 그들에게는 이른바 '잊혀질 권리'가 있다는 것을 잊지 말아달라는 것이다.

'잊혀질 권리'는 지난 2010년 스페인의 변호사 마리오 코스테하 곤잘레스Mario Costeja González가 스페인에 사는 곤잘레스를 검색하면 나오는 기사 내용을 구글에서 지워달라고 소송을 제기하면서 시작되었다. 곤잘레스는 1998년 1월 19일과 3월 9일자 〈라 방과르디아La Vanguardia〉 2페이지로 연결되는 기사 때문에 황당하고도 곤혹스러운 경험을 했다. 사회 보장 채무의 집행을 위한 압류 소송과 관련된 부동산 경매를 다룬 기사에 곤잘레스가 언급돼 있었다. 곤잘레스는 이 정보가 현재의 이미지에 손상을 주기 때문에 구글 스페인과 구글 본사에 '곤잘레스'와 관련된 개인 정보가 검색 결과에 포함되지 않고 더 이상 해당 신문으로 연결하는 링크에서도 나타나지 않도록 제거하거나 숨길 것을 요구하였다. 수년간의 법정 다툼 끝에 곤잘레스는 재판소로부터 기사 원문을 지울 수는 없지만 구글 검색 결과에서는 보이지 않게 조치하라는 판결을 얻어냈다.

곤잘레스는 구글로부터 승소를 했지만, 이 사건은 디지털 시대를 살아가고 있는 우리에게 '오래된 미래'의 섬뜩한 교훈을 들려주고 있어 씁쓸하기 짝이 없다. 곤잘레스가 맞서 싸운 구글의 세계는 18세기 말 제레미 벤담이 생각해낸 파놉티콘panopticon을 연상시키기 때문이다. 파놉티콘은 죄수들의 효율적인 감시·감독을 위해 설계한 원형 감옥인데, 수감자들이 간수들을 볼 수 없도록 감시탑의 내부를 가리는 정교한 블라인드 장치가 있다. 죄수들의 모든 행동뿐만 아니라 유형까지도 분명하게 바로 파악할 수 있도록 분리된 감방들을 반원형으로 배치했다. 중앙 관제탑에서는 전체를 훤히 들여다볼 수 있지만 감시를 당하는 수감자들은 감시자들을 알아볼 수 없는 불균형의 구조로 설계되어 있는 것이다. 파놉티콘에 수감된 죄수들은 자신들이 항상 감시당하고 있다고 생각하기 때문에, 감독관 측에서 보자면 적은 인원으로 효율적인 감시와 통제가 가능해진다. 그것도 24시간, 전방위에서 말이다.

미셸 푸코는 사회를 추상적으로 통제하는 한 전형으로 벤담의 파놉티콘 개념을 대중화했다. 우리가 감시를 당하지 않는데도 불구하고 마치 우리가 감시를 당하고 있는 것처럼 행동하게 만드는 전략이 바로 추상적인 통제라는 것이다.

쇤베르크는 사이버 공간이 21세기판 파놉티콘이라고 말한다. 디지털 방식으로 커뮤니케이션이 이루어지는 사이버 공간이 일종의 통제 구조로 되어 있다는 얘기다. 그런데 21세기의 특수한 파놉티콘 구조에서 이루어지는 통제 방식은 벤담식과 다르다. 서로 격리되어 감독관 쪽에서 일방적으로 수감자들을 감시, 감독하는 벤담식 구조와 달리 '디지털 파놉티콘'의 구성원들은 그 구조를 유지하는 데 자발적이고 능동적인 기여를 하기 때문이다. 이 구조 속의 구성원들은 스스로 페이스북, 카카오톡과 카카오스토리 등 다양한 인터넷 공간에 자기를 노출하고 과시하며 파놉티콘 건설에 능동적인 역할을 한다. 물론 제 손으로 개방한 자신의 사적으로 은밀한 영역이 망가질까 걱정하기도 한다.

그렇다고 그런 우려 때문에 디지털적인 소통 방식을 완전히 포기하지는 않는다. 사적인 역사 탐방의 공간을 개방하지 않을 경우, 네트워크로 연결되어서 맹렬하게 소통되고 있는 정보를 공유할 수 없어 고립되거나 격리될 위험이 있다. 정보의 부재는 곧 시대의 낙오를 뜻하기에 디지털 시대를 살아가는 사람들은 한편으로는 열렬하게 제 자신의 정보를 노출하고, 다른 한편으로는 타인의 정보를 얻고 다른 세계를 염탐하며 디지털 파놉티콘 건설에 기여한

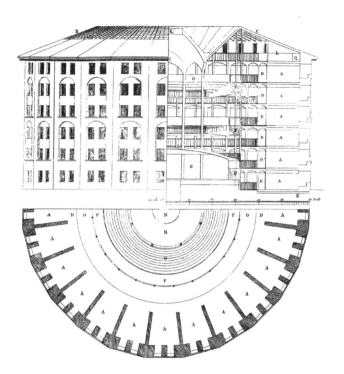

윌리 레블리, 〈제레미 벤담의 파놉티콘 교도소의 입면도, 단면도, 도면〉(1791)

중앙에서 수용실을 하나하나 볼 수 있는 벌집 같은 형태의 건물

벤담의 교도소 모델이 실제로 지어진 적은 없었다. 벤담의 모델과 유사하게 원형의 파노라마적인 탑 형태로 지어진 것들로는, 현재는 폐쇄된 쿠바의 프레시디오 모델로Presidio Modelo(1926~1928), 포르투갈 리스본의 미겔 봄바르다 병원에 편입된 파빌랴우 드 세구랑사Pavilhão de Segurança(1896), 프랑스 오팅의 오팅 원형 교도소Prison circulaire d'Autun(1855), 네덜란드 브레다(1884), 아른헴(1884), 하를렘(1901)의 교도소들, 미국 일리노이의 스테이트빌 교도소Stateville Penitentiary(1919) 등이 있다.

다. 스스로를 훤히 비추는 사람은 자유롭다는 착각 속에 살고 있기 때문에, 감시나 착취가 별 저항감 없이 수월하게 이루어질 수 있다. 《투명사회》에서 한병철은 자신에게 과다 조명을 비추는 이 같은 "투명한 고객은 오늘날의 새로운 수감자, 디지털 파놉티콘의 호모 사케르Homo sacer"라고 말한다.

디지털 파놉티콘의 호모 사케르들은 스마트폰만으로 통화는 물론 각종 물건을 주문하거나 여행·공연·교통 등을 예약하고 은행 업무를 비롯한 생활 전반의 일을 해결한다. 그들의 모든 동작이 기록되기에 그들의 발자취는 역추적될 수 있다. 이처럼 구성원 스스로는 도처에 디지털 족적을 남긴다. 디지털 파놉티콘 구성원들의 역사가 네트워크 안에서 정확히 모사되는 것이다. 모사된 개개인들의 역사는 디지털 파놉티콘의 감시 회로에 자동으로 연결되어 자기와 타자 모두에게 투명한 시스템으로 통합된다. 한병철이 지적하듯 "투명성은 폭력이다." 노출되면 위험이 뒤따르거나 노출된 이의 삶에 치명타가 될 수 있음에도 디지털 파놉티콘의 완전한 조명을 막아낼 선택의 자유는 거의 없다. 특히 보는 쪽이 국가 권력일 경우 그 가능성은 극히 제한된다.

2016년에 개봉한 영화 〈제이슨 본〉은 디지털 파놉티콘의 감시자와 수감자 사이의 첨예한 대결을 그린 영화다.

〈제이슨 본〉은 미국 첩보 영화 '본' 시리즈의 네 번째 영화다. 전작 세 편의 이야기는 CIA의 인간 병기였던 본이 작전 수행 중 사고로 과거 기억을 잃고 낙오된 이후 자신의 정체성을 찾는 여정으로 이뤄져 있다. 이전까지 대부분의 관객들에게 본 시리즈의 최종본으로 여겨졌던 〈본 얼티메이텀〉에서 본이 기억을 회복하고 자기 정체성을 찾음으로써 사실상 '본' 시리즈가 종결되는 듯했다. 그러나 감독 폴 그린그래스는 〈제이슨 본〉에서 본에게 아직 풀리지 않은 기억의 실타래가 남아 있음을 환기한다. 본이 어떻게 제 스스로 CIA의 인간 병기가 되었는가 하는 문제다.

영화는 이 실타래를 풀기 위해 자기 정체성을 찾은 뒤 그를 알고 있는 세계와 격리되어 은둔 생활을 하던 본이 다시 CIA 정보기관에 노출되는 것으로 시작한다. CIA의 인간 병기가 된 계기가 그의 아버지와 관련되었다는 정보를 동료 니키로부터 입수한 본은 그 정보를 열어봄과 동시에 살해 위협에 노출된다. 그 정보는 니키가 CIA 정보국을 해킹해서 얻은 국가 기밀로 '아이언 핸드'라는 새로운 CIA 프로그램을 포함한 것이었다. 아이언 핸드는 9·11 이후 국가가 테러를 방지한다는 명분 아래 부시 정권이 시행한 전방위 감시 체제를 떠올리게 한다. 국가 안보를 위해 개인의 사적인 행적을 합법적으로 감시할 수 있게 하는 것을 골자로 하는 아이언 핸드는 구글이나 페이스북과 같은 세계적인 소셜 미디어를 통해 공권력이 다수의 사용자 개인들을 감시할 수 있는 '디지털 빅브라더' 프로그램이다. 본의 아니게 알게 된 이 새로운 프로그램과 함께 기록된 다른 기밀 사항을 통해, 본은 자신이 탁월한 능력 때문에 CIA의 인간 병기로 지목되었고 그것을 막기 위해 당시 CIA 정보 분석관으로시 '아이언 헤드 프로그램'에 참여했던 그의 아버지가 조직의 비밀을 폭로하겠다고 위협했다는 것, 그리고 그 때문에 아버지가 살해되었다는 사실을 알아낸다. 이후 이야기는 본의 아버지를 살해하라고 지시한 CIA 국장과 본 사이의 쫓고 쫓기는 추격전으로 채워진다.

이 영화에서 주목해야 될 대목은 바로 이 추격전과 함께 펼쳐지는 디지털 파놉티콘의 암울한 현실이다. 정보의 독점으로 사회를 통제하는 막강한 권력체 CIA는 텔레스크린으로 쉴새없이 본의 행적을 뒤쫓는다. CIA 컴퓨터에 범죄자 식별용으로 등록된 그의 얼굴 사진을 기반으로 인터넷, CCTV, 블랙박스 영상, 캠코더, 그리고 심지어 접근 가능한 통신 위성 들은 본의 움직임을 포착해서 영상으로 보여준다. 본이 인터넷 접속을 하거나 CCTV가 있는 곳에 노출되거나 블랙박스가 있는 차량 앞을 지나거나 다른 사람들과 통화할 때면, 어김없이 그의 행적은 디지털 파놉티콘의 시선에 포착된다. 완벽한 기록 장치를 장착한 디지털 파놉티콘의 구조에서 벗어날 길을 어디에도 찾을 수 없

영화 〈제이슨 본〉(2016) 중에서

우리는 스노든 이후의 삶을 살고 있다

〈제이슨 본〉은 기획 단계에서부터 에드워드 스노든 사건 이후 주목받게 된 전 세계적인 데이터 감시에 대해 다룰 것임을 천명하였다. CIA와 NSA에서 일했던 컴퓨터 기술사 에드워드 스노든이 2013년 미국 정부가 9·11 테러 이후 민간인을 무차별로 감시해왔음을 폭로한 이후로, 개인의 프라이버시와 공익을 위한 데이터 감시 사이의 문제가 공론화되었다.

는 듯 보인다.

영화는 본이 CIA의 추격을 따돌리고 '외로운 늑대'로 남는 것으로 끝을 맺는다. 구글이나 페이스북과 같은 인터넷 서비스에 개인이 남긴 사소한 흔적도 누군가에게는 유의미한 정보가 되는 디지털 파놉티콘 체제에서 본은 투명한 고객이자 "새로운 수감자, 디지털 파놉티콘의 호모 사케르"일 수밖에 없다는 사실을 너무 잘 알고 있다. 그의 과거 행적을 모조리 삭제하지 않는 한 이미 범죄자로 낙인찍힌 본이 그나마 평범한 디지털 파놉티콘의 구성원으로 살아가는 일은 불가능한 현실이 된 것이다. 본은 디지털 세계와의 분리와 고립을 삶의 형태로 선택했다.

최근 미국에서 대부분의 대학생들이 페이스북 계정을 지우는 방법에 대한 수업을 의무적으로 받고 있으며, 상대적으로 프라이버시가 많이 보장되는 디지털 커뮤니티를 찾는 디지털 망명자들이 발생하고 있는 현실은 〈제이슨 본〉에서 본이 자유의 공간을 찾아 고군분투하는 상황과 다를 바 없다. '잊혀질 권리'를 위해 구글과 법적 투쟁을 불사했던 곤잘레스는 이들보다 적극적인 방법으로 디지털 파놉티콘 체제에 저항했다고 할 수 있다. 아무리 작고 사소한 것일지라도 일단 구글의 세계에 족적이 찍히면 어느 한 부분도 지워져서는 안 된다는 구글의 위압적인 주장에 맞서 곤잘레스는 최소한의 디지털 공터를 확보했을 뿐이다.

현시대 기술화의 속도를 감안할 때, 가까운 미래에는 구글과 같이 막강한 힘과 권력을 가진 디지털 파놉티콘들이 기하급수적으로 늘어날 것으로 보인다. '토탈리콜'과 투명성은 디지털 파놉티콘의 체제의 존재 근간이다. 삭제로 인해서 정보 공백과 불투명성이 초래되면 그 체제의 존재 이유가 의심을 받기 때문에 디지털 파놉티콘 체제에서 삭제(망각)는 허용될 수 없다. 그만큼 곤잘레스와 본과 같은 미래의 수많은 디지털 유목민들에게 막강한 디지털 파놉티콘 체제와 맞서 싸울 방편이 많이 남아 있지 않다는 뜻이다.

기억과 망각의 시장

인간에게 망각이 이토록 중요한 역할을 함에도 불구하고 지금 왜 우리는 망각의 능력을 잃어가고 있는 걸까? 단지 기억력을 증진시키는 과학기술의 발달 때문에 우리는 망각의 능력을 상실한 걸까?

물론 기술이 우리 인간에게서 망각의 기회를 상당 부분 앗아가고 있는 것은 부인할 수 없는 듯 보인다. 앞에서도 언급했다시피, 유사 이래 인간은 기억 보존과 증진을 위한 수없이 다양한 보조 장치를 만들어내고 그와 관련된 기술들을 발전시켜왔다. 인간의 생존과 직결되기 때문이었다. 뛰어난 정보 회상 능력은 생존 기회를 연장해주고 삶의 질을 높이는 핵심적인 도구였다. 그래서 인간은 그런 능력을 가진 사람들을 경외하고 칭송하며, 기억 능력을 향상하기 위해서 정보의 양을 늘리고 동시에 그것을 성공적으로 회상하기 위해 부단한 노력을 해왔다.

　방대하고 접근이 용이한 디지털 메모리는 그런 노력의 극적인 산물로서 인간에게 많은 혜택을 제공했다. 가령 희귀병이나 전염병과 같은 수년간의 기록들이 포함된 디지털 의료 파일의 경우 위급한 상황에서 생명을 구하는 도구가 될 수 있고, 교통사고를 조사할 때 CCTV나 블랙박스에 녹화된 기록들은 증인의 눈이 목격한 것보다 더 정확하고 완벽한 정보를 제공할 수 있다. 디지털 메모리의 효율적인 용도는 여기서 다 열거할 수 없을 정도로 많다. 그렇기 때문에 인간은 더 정확하고 더 정교한 디지털 메모리를 선호하고, 또 그런 욕구를 만족시키는 제품이 제작·생산되는 것은 당연한 것으로 보인다. 그렇다면 기억 보조 장치 내지는 그 기술 자체가 인간의 망각 능력을 잃게 만든 근본적인 요인이라고 보기 어렵다. 오히려 기억을 잘 보존하려는 인간의 욕망에서 망각을 잊어버리는 성향이 생긴 건 아닐까?

망각의 시장을 움직이는 보이지 않는 손

《향수를 불러일으키는 공장》에서 다우어 드라이스마는 기억을 잘 보존할 수 있다는 기대를 심어주는 "망각 시장"의 상품들을 조심하라고 충고한다. 망각 시장의 상품과 광고들은 기억을 잘 보존하려는 사람들의 욕망을 이용해 기억력 증진 및 강화 효과를 과대 선전하는데, 그것을 믿고 구입한 사람들이 실제로는 약속된 효과를 거의 보기 힘들다는 것이다. 혹은 이와 반대로 기억력 감퇴와 잊어버림에 대한 극도의 반감이나 공포를 불러일으켜 망각 시장의 상품을 부추긴다고 조언한다. 후자와 관련해서 최근 가장 눈에 띄게 부상하는 상품이 바로 치매 관련 보험이다. 특히 고령화 사회의 조짐이 현저하게 나타나고 있는 한국에서 노인성 치매와 관련된 보험 상품들은 노령 인구에게 매력적으로 다가올 수밖에 없다. 더구나 자식 사랑이 유별난 한국 부모들에게 "죽을 때 자식에게 짐이 되시겠습니까"라는 광고 멘트는 선택이 아닌 의무처럼 들리지 않겠는가.

드라이스마에 따르면 치료와 요양을 위한 대비를 약속하는 치매 관련 보험 상품들은 치매를 걱정하는 사람들에게 그리 합리적인 상품이 아니다. "치매에 걸릴 확률은 나이가 들면서 증가하지만, 65세 이상 인구의 5퍼센트를 넘지 않기" 때문이다. 그리고 통계에 따르면, "부모 중 한 명이 치매를 앓을 때 본인이 치매에 걸릴 확률은 그렇지 않은 경우보다 약간(5~10%) 높다고 한다." 이처럼 가족력이 없는 65세 이상 노인이 치매를 앓을 확률이 낮음에도 불구하고, 그 확률 속에 혹시 내가 들어갈 수 있다는 생각에 마음을 놓지 못한다.

제약회사들은 보다 희망적인 메시지를 통해 망각을 두려워하는 우리에게 망각을 잊게 할 마법의 신약들을 선보인다. 그런 신약들이 열거하는 효과를 듣고도 그것들을 사지 않고 배기기란 힘들지 않을까? 《안녕하세요, 기억력》에서 마사 와인먼 리어는 기억력 증진을 돕는다는 선전을 믿고 건강 보조제를 구입한 한 친구의 이야기를 소개한다. 그 친구는 마법의 약을 먹은 뒤로 기억력이 좋아졌다고 확신했는데, 그 약의 이름은 '징코 빌로바'였다. 리어는 그 친구에게 그 약은 기억력 증진에 별 효과가 없다고 판명되었다고 얘기해주었는데, 그것이 두 사람의 사이를 서먹하게 만들었다며 안타까워했다. 리어의 추측에 따르면 둘 사이의 관계가 냉각된 것은 그 친구가 소중히 여기는 마법의 약을 그가 패대기쳤기 때문이다. 무엇인가를 자꾸 잊어버리는 것이 걱정되는 사람에게 그 약은 기억력을 증진하는 단순한 보조제가 아닌 걱정을 덜어주는 진정제이자 희망의 종교였다. 그런 종교를 과학적인 연구 결과를 가지고 마구 짓밟았으니, 친구와의 관계가 소원해질 수밖에 없었다는 것이다.

리어는 친구의 서운한 마음을 충분히 이해한다고 말하면서도, 여전히 그 친구가 구입한 징코 빌로바를 비롯해서 기억력 증진제로 소개되는 보조제(마로니에씨 추출물, 은행, 붕소, 우유엉컹퀴, 서양고추나무, 녹차, 초콜릿, 석류 주스, 소나무 껍질 추출액, 감초 추출액 등)들의 효능에 대해서는 회의적이다. 리어에 따르면 기억력에 도움이 된다는 보조제나 식품들에 함유된 물질들 중 다수는 항산화 물질인데, 이들은 기억력 증진에 효과가 없다고 증명된 바도 없지만 효과가 있다고 증명된 바도 없다는 것이다. 대신 비타민 E가 풍부한 식품이 알츠하이머를 막는 데 도움을 주기 때문에 곡식, 식물성 기름, 녹색 엽채류 등의 음식을 섭취하는 것이 필요하다고 말한다. 그리고 엽산과 비타민 B6와 B12의 수치가 낮은 사람이 기억력 테스트에서 좋은 결과를 내지 못하기 때문에 종합 비타민이 거의 모든 사람에게 도움이 될 수 있다고 첨언한다. 말하자면 기억을 향상시키는 물질이 들어 있는 식품이나 제품이 무가치하다기보다 아직 분명하게 밝혀지지 않은 효능을 선전하는 기억 보조제(식품) 광고를 경계하라는 것이다. 기억력을 갖도록 도움을 주는 게 아니라 오히려 망각의 두려움을 불러일으켜 기억력 향상에 매진할 것을 부추기는 커다란 시장을 형성하고 있기 때문이다.

건망증은 바로 이 커다란 망각 시장의 틈새시장으

로 발굴되었다. 사실 건망증은 누구에게나 생길 수 있는 데, 최근 다양한 언론 매체들은 망각을 기억력 감퇴, 특히 치매의 문제와 연계해 다루고 있다. 그렇다 보니 건망증에 대한 조치는, 드라이스마의 표현에 따르면 "성공적인 노년을 위한 커다란 프로젝트에서 한 부분"을 차지하게 되었다. 이런 시각에서 기억력 감퇴는 주름살로 비유되고, 그 주름살은 기억의 성형술에 비견되는 다양한 기억력 훈련을 통해 얼마든지 없앨 수 있는 것으로 여겨지게 된다. 그래서 기억력 훈련과 관련된 게임, 서적, 그리고 프로그램 등은 거의 산업적 차원으로까지 올라섰다. 하지만 기억력 향상을 위한 대부분의 훈련과 기술들은 건망증을 줄이거나 없애는 데 큰 도움이 되지 못한다.

얼마 전 TV의 한 프로그램에서는 건망증 때문에 치매를 의심하는 육십 대 후반의 한 여성이 기억력의 비밀을 찾기 위해서 다양한 전문가들을 만나 그들의 이야기와 조언을 듣는 과정이 그려졌다. 주인공은 유명한 양복장이었던 아버지가 치매로 생을 마감했기에 최근 들어 더욱 심해지고 있는 건망증이 치매로 이어지지 않을까 걱정되어 그런 탐색을 시작하게 되었다는 것이다. 다행히 그녀의 건망증은 치매와 아무런 상관이 없으며, 그런 증상이 심해진 것은 그녀가 현재의 삶에서 너무 많은 역할을 수행하고 있어서 집중력이 분산되었기 때문인 것으로 밝혀졌다. 그 탐

색은 한 기억력 연구 전문가가 제시한 기억력 향상 실험을 통해 그것의 효과를 확인하는 것으로 마무리된다.

다음에는 프로그램의 진행자가 피험자로 나서 그 실험에서 하나의 과제를 부여받는다. 한 번 본 사람의 이름과 직업, 생년월일을 기억해내는 것이 제시된 과제였다. 실험은 다음과 같이 진행되었다. 먼저 처음 보는 10여 명의 얼굴을 보여준다. 그리고 그들에 관한 간단한 신상 정보를 제공하고 일주일 뒤에 실험자들과 다시 만나 주어진 과제를 수행하는 것이다. 그런데 이 과정에서 과제를 받은 진행자는 특별한 연상 훈련을 할 것을 제안받는다. 처음 본 사람들의 얼굴과 그들의 신상 정보를 매치하기 위해서 각자의 이름에서 연상될 수 있는 색깔이나 특징적인 것을 연관 지어 기억하는 연습을 하는 것이다. 실제 그 훈련을 마치고 일주일 뒤 그 여성은 놀라우리만치 정확한 기억력을 선보이며 모든 과제를 완벽하게 수행한다.

그러나 이런 방식은 우리의 일상적인 건망증 대처에 활용되기 어렵다. 우리가 친한 친구의 이름이나 그가 살고 있는 동네가 얼른 생각나지 않을 때 조급해지고 짜증부터 나기 십상이기 때문이다. 그런 상황에서 언제 전문가가 고안한 연관성의 물레방아를 차분하게 돌려 원하는 이름과 동네 이름을 찾아내겠는가? 다른 종류의 기억력 훈련도 마찬가지다. 주어진 시간에 일련의 단어나 숫자를 외우고,

기억에 도움이 되는 힌트를 남겨 나중에 그것을 실마리로 해서 기억하고, 또 시각화해서 기억하는 훈련들이 여기에 해당된다. 그런데 기억력 향상에 도움이 된다고 광고되는 훈련들은 비실용적일 뿐 아니라 기억력 자체를 향상시킨다고 보기 어렵다.

한때 세계적인 인기를 얻었던 닌텐도 DS 두뇌 트레이닝을 떠올려보자. 닌텐도 DS는 주어진 시간에 다양한 과제를 정확하고 빠르게 수행하는 훈련 게임이다. 12월 8일이 수요일이라면 12월 11일은 무슨 요일인지, 어떤 상품의 가격이 천오백 원이라면 오천 원을 냈을 때 얼마를 거슬러 받아야 하는지를 묻거나 알파벳 S, H, E, O를 이용해서 실제로 존재하는 단어를 만들어보라는 등의 과제가 주어진다. 여기에는 연습이 더 필요한 '보행자' 단계부터 시작해서 '자전거'와 '자동차'를 거쳐 '비행기', '로켓' 단계로까지 발전할 수 있도록 짜여 있기 때문에 게임을 하는 사람은 기억력 향상의 효과나 기억력 훈련의 필요성을 실시간으로 확인하게 된다. 이 게임을 매일 몇 분씩, 혹은 몇 시간씩 반복한 사람은 자신이 생각한 것보다 훨씬 젊은 기억력의 나이, 나아가 가장 높은 점수에 해당하는 '20세'의 기억 나이를 얻게 된다.

그렇다면 매일 반복적으로 게임을 한 사람들의 기억 능력이 실제로 향상된 것일까? 언뜻 보기엔 기억력이 극적으로 향상된 것 같지만, 좋아진 것은 기억력 자체가 아니라 기억의 전략을 이용한 능력이라는 것이 그 게임의 많은 경험자들과 전문가들의 평가다. 처음 게임을 시작할 때는 설정된 프로그램(일련의 자극과 변화무쌍한 환경)을 통해 어느 정도 기억력 훈련의 효과를 확인할 수 있지만 훈련이 반복될수록 손쉽게 기억할 수 있는 대응 방법이 축적되어서 자동적으로 과제를 수행하게 된다는 것이다. 훈련을 통해 기억력이 증가되었다기보다는 기억력 운동 기술이 늘어난 것이다. 다수의 뇌 관련 전문가들은 이런 훈련이 일상생활에서 기억력을 높이는 데 효과가 있는지에 대해서는 근거가 별로 없다고 말한다. 특히 고령화 인구의 주요 관심사인 치매를 예방하는지에 대해서도 확실하게 밝혀진 바가 없다고 한다.

그럼에도 어떤 사람이 진전이 필요한 '자전거 단계'의 점수를 받아든다면, 그 사람은 게임에 몰두해서 훈련을 하지 못한 것을 탓하기보다는 자신의 기억력을 걱정하게 될 것이다. 하지만 나이가 들면서 기억력이 점차적으로 감퇴한다는 것은 지극히 자연스러운 일이 아닌가? 일흔, 심지어 여든이나 아흔이 되어도 스무 살의 기억력을 지니고 있다는 것이 비정상적이지 않은가? 상술은 사람들에게 이것을 다르게 보도록 한다. 건망증 혹은 자연스러운 기억력 감퇴를 정상적인 것이 아니라 병적인 것으로 치부하거나 그에 준하는 증상으로 몰아가고 있다. 이런 질병에 대해서 시장은 약품, 치료법, 보조제, 강좌, 계발서 등을 제공한다.

사십 대 중반에 접어든 내 주변 사람들이 무엇을 잘 기억하지 못하거나 자주 잊어버리는 현상을 경험할 때 입버릇처럼 '이거 혹시 치매 증상 아니야?' 혹은 '치매에 걸린 건 아닐까'라고 말하는 것을 듣곤 한다. 실제 나이 35세쯤이면 기억 나이가 이미 늙어간다고 한다. 사십 대 이후의 대부분의 사람들이 기억력 감퇴나 건망증을 겪는 것은 정상적인 노화 현상이라고 할 수 있겠다. 나이가 들면서 생기는 기억력 저하나 감퇴에는 별다른 치료제가 없다는 얘기다. 문제는 병증으로서의 망각인데, 그렇다면 불안해서 혹은 그런 증상을 예방하거나 병을 미연에 방지하기 위해서 값비싼 약이나 보조제를 구입할 이유가 없다는 결론이 나온다.

나가며

망각해도 괜찮아, 다시 기억하면 되니까

망각은 기억을 상실해버린다는 점에서 기억의 타자, 즉 기억의 최대 위협이며 적으로 간주되어왔다. 기억의 신뢰성에 타격을 주는 오인이나 착각, 왜곡된 기억 역시 기억의 큰 적으로 여겨지기는 마찬가지다. 기억이 지속성이라면 망각은 소멸이다. 만약 지속성이 생존에 직접적으로 위협이 되는 상황에 대한 반응으로 발생한다면, 그 경험을 지속적으로 기억할 수 있는 동물이나 사람이 확실히 자연에서 선택될 확률은 높아지게 된다.

그런 점에서 지속성과 관련된 기억은 인간의 생존에 중요한 역할을 한다. 반면 망각은 생명을 위협하는 경험에 대한 기억을 보존하는 데 방해가 되기 때문에 퇴치해야 할 악덕이 되는 것이다. 기억의 지속성은 인간의 생물학적인 생존에만 중요한 것이 아니다. 어떤 사람의 정체성을 유지하는 데 있어서도 필수적인 요소 중 하나다. 기억상실과 관련된 많은 영화나 실제 사례들이 보여주었듯이, 과거 경험들이 망각되거나 소멸된 사람은 그 자신이 누구인지를 알려줄 참조점이 없기 때문에 한 발자국 앞으로 내딛는 일조차 쉽지 않게 된다. 그런 이유들로 사람들은 수 세기 동안 소멸의 한계를 극복하기 위해서 노력해왔다. 그 결과 기억을 증진하기 위한 수많은 기술과 도구들(종이, 녹음기, 영상 기록 장치, 심상 기억 기술, 컴퓨터 등)이 발전되고 발명되었다. 이러한 기억 보조 장치들의 도움으로 현재 우리는 유사 이래 엄청난 기억의 확장 시대를 맞이하고 있다.

만약 진화 생물학적 입장에서 본다면 이처럼 폭발적으로 증가한 기억 능력을 가진 현 인류는 자연의 선택을 받은 훌륭한 생존 기계가 된 것이며 우리의 정체성이 그 어느 때보다도 확고하게 자리매김된 세대가 아닐 수 없다. 그런데 이상하게도 언젠가부터 우리 삶의 곳곳에서는 과거의 경험을 잊으려는 사람들과 '잊혀질 권리'를 요구하는 사람들의 목소리가 더 높아져가고 있다. 이들 모두는 기억의 보존과 증진이 아닌 기억의 소멸과 망각을 소망하고 있는 것이다. 심지어 망각의 늪을 통과해서 자기를 다시 찾으려는 기이한 현상까지 목격된다. 이것은 기억의 적이나 악덕으로 간주되는 것들이 우리에게 해악처럼 느껴지지만 어쩌면 기억을 잘 작동하게 하는 기억의 특징들과 매우 밀접하게 연결되어 있음을 시사해준다.

우리에게 《잃어버린 시간을 찾아서》로 잘 알려진 마르셀 프루스트는 '비자발적 기억'이라는 이름의 독특한 기억 형태를 제시했다. 그에 따르면 이 기억은 오래 지속된 망각을 통과해서 얻어진 기억이다. 그만큼 오래 지속되며, 인간의 일생에 걸쳐 영향을 끼치는 기억이라는 것이다. 진부하며 일상의 목적에 지배되고 있는 평범한 기억인 '의도적 기억'과 달리 '비자발적인 기억'은 망각의 영역으로 밀려나 오랜 시간 충분히 깊어지고 나서야 움직이기 시작하는데, 이때 이성이나 의지력의 통제 없이 망각의 영역에서 벗어나 의도치 못한 것을 노출시키게 된다. 이렇게 드러난 것은 우리의 일상에 요구되는 어떤 목적이 걸러진 시적 기억이 된다.《망각의 강 레테》의 저자 하랄트 바인리히는 프루스트의 시적 회상은 보통 어린 시절의 추억을 새롭게 체험하는 것과 같은 것이라고 말한다. 바인리히가 말한 새로운 경험은 어린 시절의 추억이 오랜 시간을 뛰어넘어 지금 회상하는 성인의 세계 속으로 밀고 들어와서 형성된 것이다. 여기서 그 두 시점 사이에는 긴 시간적 공백은 있지만 시간적 거리는 의식되지 않는다. 깊고도 긴 망각 아래 터널을 뚫어 생긴 접점이기 때문이다. 그리하여 그 자체로 무의미한 여러 정황이 어느 정도 우연한 구도를 이루면서 마침내 올라오는 것은 대개 그전 삶의 절반 동안은 헤아릴 수 없이 깊은 망각의 심연 속에 감춰진 채 잠자고 있었던 것이다. 그것이 이제 하부 단층이나 퇴적층에서 밖으로 나와 모습을 드러내는 것이다.

《잃어버린 시간을 찾아서》에 나오는 유명한 마들렌 일화는 바로 이 마음속 퇴적층 하부 단층을 뚫고 나온 마법 같은 과거의 한 페이지를 들려준다. 그 신비로운 페이지는 이 소설의 화자인 마르셀이 그의 어머니 집에 들렀다가 차와 마들렌을 먹으면서 펼쳐진다. 마들렌을 차에 찍어서 그것을 입에 넣으려는 순간, 그에게 예기치도 못하게 찾아온 압도적인, 그리고 너무도 신비로운 행복감을 가누지 못한다. 그는 스스로에게 묻는다. "이 강렬한 기쁨이 어디서 나온 것이지?" "차와 케이크의 맛과 관련된 것이라고 생각했지만, 그것은 그 풍미를 완전히 넘어선 것이며, 그것과 똑같은 성질의 것일 수도 없었다." 그렇다면 도대체 "이것은 어디에서 나온 것일까?" 그는 그 경험을 다시 맛보고 싶어 여러 번 마들렌을 차에 찍어 먹어보지만, 그때마다의 경험들은 처음 순간보다 더 미약했다. 결국 마르셀은 그가 처음에 느꼈던 그 행복감의 근원은 차에 있는 것이 아니라 그 자신에게 있다는 잠정적인 결론을 내린다.

그러고 난 뒤 얼마의 시간이 지나서 그 미스터리가 풀리는 아주 특별한 순간이 찾아온다. 그 맛은, 어린 시절 그가 좋아했던 숙모 레오니가 줬던 마들렌 조각의 맛이었던 것이다. 숙모는 마들렌 조각을 먼저 그녀의 커피에 찍어서 어린 마르셀에게 주곤 했는데, 그중 어느 일요일 아침 병상에 있는 숙모에게 아침 인사를 하러 갔다가 먹었던

토머스 벤저민 케닝턴, 〈레테의 강물〉(1890)

그리스 신화 속 망각, 레테

그리스 신화에서 망자가 저승으로 갈 때에 건너야 하는 다섯 개의 강 중 하나인 레테는 망각의 강으로, 그 강물을 마시면 이승에서의 기억을 잊게 된다. 또한 보이오티아에 있었다는 트로포니오스 신탁소에서 신탁을 받기 위해서는 신탁을 받기 전에 신탁소 앞의 레테와 므네모시아의 샘물을 차례로 마셔 이전의 기억을 지우고 신탁을 단단히 기억했다고도 한다.

마들렌이 그에게 맛 이상의 행복을 안겨주었던 것이다. 숙모가 죽고 난 뒤 마르셀은 어디에서도 그런 맛과 향의 결합이 빚어내는 행복감을 마주한 적이 없다가, 어머니 집에서 대접받은 차와 케이크의 맛이 불현듯 어린 시절의 그 행복의 맛을 길어 올린 것이다.

이 놀라운 경험으로부터 프루스트는 '비자발적인 기억' 개념의 중요한 실마리를 얻는다. 사람들이 죽고 사물들이 부서져서 흩어져버리면, 미약하나마 보다 오래 견디고 비물질적인 맛과 향만이 마치 폐허 속에서 기억하고 기다리며 희망하는 마음처럼 오랜 시간 동안 엉거주춤하게 남는다. 그리고 너무도 약해서 거의 만져지지도 않는 그 한 방울의 정수로 거대한 회상의 구조물을 견뎌내는 것이다. 그 육중한 구조물을 뚫고 드러날 기회는 거의 없지만 그럼에도 그것으로부터 살아남은 것, 오랜 동면에서 깨어난 그 경험들은 '시적 회상'이 된다. 거의 잃어버렸다고 생각되었던 경험이 맛이나 향기의 신호를 받고 불현듯 떠오르게 되면, 그 기억은 우리 인간에게 주어지는 행복한 선물과도 같은 것이 된다. 우리가 이 선물을 받으려면 치러야 하는 값진 대가가 있다. 기억에게 최대의 적이라고 할 수 있는 망각의 심연을 거치는 것이다. 그보다는 망각과 기억의 정확한 균형을 맞추는 것이 중요하다고 말하는 것이 보다 옳을 듯하다.

영화 〈마담 프루스트의 비밀 정원〉(2014) 중에서

기억은 물고기처럼 머릿속 깊숙이 숨어 있어서 기억이 좋아하는 미끼를 던져야 한다

말도 제대로 떼지 못한 어린 시절에 부모님의 죽음을 목격한 폴은 당시의 기억을 모두 잊고 말하는 방법 또한 잊은 채 피아노만 치며 살아간다. 폴과 같은 건물에서 집 안에 비밀 정원을 가꾸고 있는 마담 프루스트는 엄마와 관련된 기억의 편린에 매달려 살아가는 폴에게 기억을 되살려주는 차와 그 쓴맛을 감쇄해주는 마들렌을 대접한다. 마담 프루스트의 이름, 차와 마들렌을 통해 기억을 되살린다는 설정에서 마르셀 프루스트의 《잃어버린 시간을 찾아서》의 영향을 발견할 수 있다. 실제로 냄새를 통해 기억을 떠올리는 현상을 '프루스트 효과'라고 한다.

고대 저술가들은 영혼이 새로운 몸으로 환생하려면 자신의 이전 존재를 망각해야 하기 때문에 레테의 강물을 마신다고 했다. 베르길리우스의 시에는 다음과 같이 쓰여 있다. "아버지 안키세스는 말하길, 다른 몸이 될 운명인 영혼은 레테의 강물에서 상쾌한 물을 길어 오랜 망각을 마신다." 말하자면 지금 살고 있는 자신의 모습과는 다른 모습의 자기로 거듭나기 위해 비록 그 기억들이 중요한 것이라 할지라도 망각의 대가를 치러야 한다는 것이다.

짧은 산문집 《부서진 이야기들Histoires brisées》에서 폴 발레리는 다니엘 디포의 《로빈슨 크루소》를 통해 '다시 인간이 되는' 과정을 들려주고 있다. 이 글은 로빈슨이 외로운 섬에 조난당한 후 어느 정도의 시간이 흐른 시점에서 시작된다. 난파의 소용돌이에서 살아난 로빈슨은 물질적인 터전을 재건하고 휴식 시간을 보낸다. 이제 남은 것은 물질적 토대 위에 회복될 정신적 문화다. 그런데 문제는 로빈슨이 탄 배가 난파되었을 때, 거의 모든 재산과 문명의 도구들을 잃어버렸을 뿐 아니라 격랑 속에 중요한 기억도 상실했다는 것이다. 로빈슨의 상태는 앞에서 우리가 보았던 기억장애(기억상실)를 앓는 사람들의 그것과 비슷하다. 새 출발을 하면서 로빈슨은 진공의 기억에 새로운 무엇인가를 들여보내야 하는 과제를 떠안게 된 것이다.

발레리는 로빈슨이 떠안게 된 이 새로운 과제를 뜻

하지 않은 기회로 해석한다. 물론 시간이 지나면서 그전에 경험했던 과거의 정보들이 넘쳐 흘러들어올 때도 있었지만, 로빈슨은 그것들을 그대로 받아들이지 않고 매우 엄격한 기준을 세워 자신의 현재 목적에 맞는 것을 선별적으로 받아들여 재구성한다. 그런데 만약 로빈슨의 상태가 현대 의학의 진단 기준에서 (선택적) 기억상실증이라면, 그로 인해 구멍 난 부분을 있는 그대로 재생하지 않고 그가 처한 상황에 맞게 재해석하고 재구성하는 것은 사실상 기억의 왜곡에 가깝다. 그럼에도 발레리는 *그*가 새롭게 세운 정신의 문화가 옛것보다 훨씬 월등한 것이 되었으며, 그 문화를 토대로 재건된 섬은 진정한 그 자신의 섬이 되었다고 평가한다. 《로빈슨 크루소》에 대한 발레리의 독특한 해석에 비추어볼 때, 로빈슨이 다시 인간이 되는 과정에서 가장 중추적인 역할을 한 것은 망각인 셈이다.

로빈슨의 상태로 비교되지 않을 만큼 경미한 기억장애인 '착오'나 '착각'의 경우에도 기억이 오작동된 흔적이 발견된다. 특히 그 오작동이 착각을 한 사람의 진심이나 진짜 의도를 발견하는 계기가 될 때, 그것은 인간관계에 생산적인 역할을 하기도 한다. 프로이트는 의도하지 않은 많은 실수를 '착오 행위'라고 부르며 그 속에는 무의식적 의도가 작용한다는 것을 많은 사례를 통해 보여준 바 있다.

프로이트의 고전적인 사례를 빌지 않더라도 우리는 우리 주변에서 얼마든지 이런 착오 현상을 경험한다. 상대방이 기억하는 것과 내가 기억하는 것이 일치하지 않는 경우를 예로 들어보자. 한번은 공적으로 알게 된 사람과 이야기를 하는데 상대가 "저번 만남에서 당신이 하는 스터디를 저와 같이 하기로 했잖아요? 그래서 말인데 언제가 좋을까요?"라고 말한 적이 있다. 그런데 그가 기억하는 것과 달리 나는 그런 약속을 한 적이 없었다. 내 기억으로는 형식적인 자리라서 다소 어색했고 그런 분위기를 없애기 위해서 연신 미소를 지었던 것이 전부였다.

프로이트에 따르면 여기서 누구의 기억이 맞는지, 즉 기억의 정확성이 중요한 것이 아니다. 기억의 착오에서 우리는 상대가 원하는 바를 해석할 수 있다는 것이다. 어쩌면 그는 나의 스터디 이야기에 흥미를 갖고 그에 대한 생각을 여러 차례 하는 사이 그런 모임을 하고 싶다는 기분이 강하게 들었거나, 나와의 관계를 더 지속하고 싶다는 생각을 갖고 있을 수 있다. 따라서 상대의 착각이나 착오 행위를 무의미한 실수나 기억력의 결함으로 생각할 것이 아니라 그 이면에 숨겨진 의도나 바람을 발견하도록 노력한다면 더 발전적인 인간관계를 만들 수도 있다.

기억의 날실과 망각의 씨줄

다방면의 실험과 연구 결과들의 도움으로 망각에 대한 기존의 생각이 많이 바뀌었다고는 하지만, 그럼에도 여전히 우리 인간에게 망각은 기억장애와 비슷한 의미로 통용되고 있다. 우리가 소중히 여기는 뇌의 능력을 퇴보시켜 우리의 정체와 삶을 좀먹는 부정적인 요소로 인식되는 것이다. 불일치한 기억인 착각이나 잘못 기억하는 착오도 우리 삶의 질을 저해하는 좀벌레로 치부되기는 마찬가지다.

하지만 앞에서 보았던 많은 기억의 문제를 떠올려볼 때, 정확하게 많이 기억하는 것이 언제나 우리에게 유리한 것은 아니라는 생각이 든다. 경우에 따라선 망각이나 과거 경험의 변형이, 그렇게 하지 않으면 오히려 파국으로 치달을 수 있는 사태를 막아주거나 늦추어주기도 하지 않았는가. 정확하게 많이 기억하는 것이 우리에게 유리하지 않다고 말하는 것이 아니다. 기억에 구멍이 생기고 균열이 발생했을 때, 그 해결책을 여전히 우리가 믿고 있는 고전적인 기억의 개념으로 접근하게 되면 적절한 답을 찾지 못하거나 더 심각한 문제를 야기할 수도 있다는 얘기다. 우리의 생존과 정체에 필수적인 기억의 날실과 그것을 가로지르는 망각의 씨줄이 적절하게 교차되어야 비로소 우리의 정체와 세계의 옷감이 알맞게 짜일 수 있을 것이다.

인명 설명

피에르 자네Pierre Janet (1857~1947)

프랑스의 선구적인 심리학자, 신경 의학자, 철학자, 심리
치료사. 고등 사범학교를 졸업하고 파리 의학교에서 수학한 뒤
1889년 파리의 피티에 살페트리에르 정신병원Pitié-Salpêtrière
Hospital의 심리학 실험실에서 현대 신경학의 창시자 장 마르탱
샤르코Jean-Martin Charcot에게 배우며 히스테리 환자들을
연구하였다. 이후 1902년부터 1936년까지 콜레주 드 프랑스의
심리학 교수로 재직하면서 프랑스 심리학계의 주축이 되었다.
자네는 환자의 과거 삶의 사건과 현재의 트라우마를 연결한
최초의 사람들 중 한 사람으로, '해리'와 훗날 프로이트에 의해
'무의식'으로 재명명되는 '하위 의식'을 제안했다.

오드리 로드Audre Lorde (1934~1992)

흑인 작가, 페미니스트, 시민운동가. 로드의 삶은 질곡 그
자체였다. 어린 시절에는 아프리카 출신의 이민자로 극심한
인종차별에 시달렸고, 남성, 기독교 중심의 미국 사회에서 성적
정체성의 혼란을 겪으면서 성장했다. 고난을 딛고 작가로서
어느 정도 명성을 얻어갈 무렵 유방암에 걸려 유방 절제술을
받았다. 치료 후 건강을 되찾았지만 6년 뒤 발병한 간암을
이겨내지 못하고 생을 마감했다. 시인으로서 로드는 전 생애에
걸쳐서 겪었던 이중, 삼중의 차별과 사회의 부정의에 분노를
표현하는 작품들을 많이 썼다. 산문 작가로서는 투병 경험을
기록한 《암 일기The Cancer Journals》와 독특한 형태의 자전적
질병 소설 《자미: 내 이름의 새로운 철자Zami: A New Spelling of
My Name》를 썼으며, 열세 편의 에세이와 1976년에서 1984년의
연설을 모은 《시스터 아웃사이더Sister Outsider: Essays and
Speeches》를 펴냈다. 로드의 산문 중에서 가장 영향력 있는
책으로 꼽히는 《시스터 아웃사이더》는 현대 페미니스트
이론의 발달에 중요하고 획기적인 텍스트로 평가받는다.

오카 마리岡眞理 (1960 ~)

도쿄외국어대학 외국어학부 아랍어학과를 졸업한 후,
동 대학원 석사 과정을 수료하고 이집트 카이로 대학을
다녔다. 현재 오사카여자대학 인문사회학부 전임 강사이고
교토 대학에서 아랍어, 현대 아랍 문학, 비교 문명론 등을
가르치고 있다. 카이로 유학 시절에 팔레스타인을
방문하면서 팔레스타인 문제에 깊은 관심을 갖게 되었다.
현재 일반인을 위한 강연, 학습회 등의 강사로 각지에
출강하고 있으며, 대학 내에서도 팔레스타인 및 이스라엘의
비판적 연구자로서 미국 등지로부터 강사를 초빙해
연구실 주최의 공개 강연회, 심포지움 등을 개최하고 있다.
저서로 《기억 서사》, 《그녀의 진정한 이름은 무엇인가》,
《대추야자 나무의 그늘에서―제3세계 페미니즘과 문학의
힘棗椰子の木陰で―第三世界フェミニズムと文学の力》, 《아랍,
기원으로서의 문학アラブ 祈りとしての文学》 등이 있다.

알렉산드르 로마노비치 루리야Alexander Romanovich Luria
(1902~1977)

러시아 출신의 세계적인 신경심리학자이다. 그는 모스크바
동부의 작은 도시 카잔에서 태어나 19세에 카잔 대학을
졸업했다. 대학 재학 시절에 카잔 정신분석협회를 설립했고,
지그문트 프로이트와 서신 교환을 하기도 했다. 제2차
세계대전 중에 육군 병원의 연구팀에서 전투로 인한 부상으로
생겨난 정신장애의 치료법을 연구했는데, 당시의 연구를
바탕으로 훗날 '두뇌심리학Neuropsychology'이라는 새로운
심리학 분야를 창안하게 된다. 루리야의 대표적인 임상 사례
연구서로는 특별한 기억력을 지닌 러시아의 언론인 솔로몬
V. 셰르셉스키Solomon Veniaminovich Shereshevsky에 관한
《모든 것을 기억하는 남자》와 전투에서 머리를 다친 이후에
부분 기억상실을 겪게 된 사람에 대한 《조각난 기억력을 지닌
사나이The Man with a Shattered World》가 있다.

마르셀 프루스트Marcel Proust (1871~1922)

파리 교외의 오퇴유(현재 파리 16구에 속함)에서 유복한
양친 아래 출생하였다. 9세에 찾아온 천식 발작은 이후
여러 신경증 증상으로까지 이어져 평생에 걸친 고통이
되었다. 1882년 콩도르세 고등학교에 입학하여 문학 작품을
가까이한 덕택으로 학교에서 작문과 논문으로 상을 받기도
하며 작가로서의 재능을 발휘했다. 졸업 후에는 사교계와
문학 살롱에 출입하면서 여러 인물들과의 만남을 통해
작가로서 인간 관찰의 안목을 길렀다. 세계적 명작《잃어버린
시간을 찾아서》는 1906년 양친을 여읜 정신적인 충격을
극복하기 위해서 쓴 습작《생트 뵈브에 반대한다Contre Sainte-
Beuve》에서부터 시작되었다. 이후 프루스트는 죽을 때까지
《잃어버린 시간을 찾아서》의 집필에 몰두하였고, 총 일곱
권으로 구성된 이 방대한 분량의 작품은 1913년부터 그의
사후인 1928년에 걸쳐 출판된다. 이상의 작품 외에 몇 권의
문집, 10여 권의 서간집과 미발표 원고가 있다.

수잔 브라이슨Susan Brison (1954~)

철학과 윤리학을 전공한 철학자. 브라이슨의 연구는 언어 이론,
성폭력, 사회, 페미니즘, 정치와 법철학의 문제 등 다양한
영역에 걸쳐 있다. 연구의 대부분은 개인주의를 파괴하는
행위나 범죄를 비판하는 이론적 작업과 연관되어 있다.
브라이슨의 연구는 이론적인 작업을 하는 데서 그치지 않고,
자신의 이론을 사람들의 실제 경험과 연결하는 작업을 통해서
대중적인 정치 참여의 동기를 끌어내는 작업으로 이어진다.
《이야기해 그리고 살아나Aftermath》는 그러한 작업의 일환으로
나온 책이다. 이 책에 실린 여섯 개의 '트라우마 이야기'들은
브라이슨이 자신의 성폭력 피해 경험을 토대로 구성한 것으로,
법적·윤리적·철학적 문제들을 살피면서 자신의 목소리로
말하는 이야기의 가능성을 검토하고 있다.

호르헤 루이스 보르헤스Jorge Luis Borges (1899~1986)

아르헨티나의 소설가, 시인, 평론가. 유년기와 젊은 시절에
스위스, 스페인, 마요르카 등지를 돌아다녔고 1919년 스페인에서
최후주의 운동을 주도하다 1921년 고향 부에노스아이레스에
돌아와 문예지 《프리즘》을 창간하면서 문학 활동을 시작했다.
1938년에 머리를 심하게 다쳐 패혈증으로 죽기 직전까지 갔던
경험을 통해 자신의 정신이 온전한지 의문을 품게 되었고,
이 고민을 바탕으로 본격적으로 소설을 창작하기 시작한다.
1930년대에는 단편소설을 다양하게 발전시키는 등 주로 산문을
쓰면서 문학 세계를 확장해나갔다. 이러한 노력의 결실인
작품집 《픽션들》과 《알렙》으로 세계적인 명성을 얻기 시작했고
라틴아메리카의 환상적 사실주의 형성과 포스트모더니즘 문학의
발달에 기여했다고 평가받는다. 경험과 상상을 뒤섞고 형이상학적
주제들을 다루며 '책에 대한 책 쓰기' 등의 독특한 형식을 채택한
그의 문학 세계는 후기구조주의와 현상학, 데리다의 해체주의
등에까지 영향을 끼쳐 현대 사상의 발달에도 기여했다.
1955년부터 1973년까지 아르헨티나 국립도서관 관장으로
재임했는데, 이때 젊은 시절부터 앓아온 약시가 심해져
시력을 잃었으나 어머니나 다른 사람들의 도움으로 독서와
집필 활동을 지속할 수 있었다고 한다.

참고문헌

고든 벨·짐 갬멜, 《디지털 혁명의 미래: 디지털 기억 혁명은
우리의 미래를 어떻게 바꿀 것인가》, 홍성준 옮김,
청림출판, 2010.

다우어 드라이스마, 《향수를 불러일으키는 공장》, 권세훈 옮김,
에코리브르, 2010.

로렌 슬레이터, 《스키너의 심리 상자 열기》, 조증열 옮김,
에코의 서재, 2005.

마르셀 프루스트, 《잃어버린 시간을 찾아서》, 김희영 옮김,
민음사, 2016.

마사 와인먼 리어, 《안녕하세요, 기억력》, 박종성 옮김,
웅진지식하우스, 2008.

빅토어 마이어 쇤베르거, 《잊혀질 권리》, 구본권 옮김,
지식의 날개, 2011.

수잔 브라이슨, 《이야기해 그리고 다시 살아나》,
여성주의 번역모임 '고픈' 옮김, 인향, 2003.

알렉산드르 로마노비치 루리야, 《모든 것을 기억하는 남자》,
박중서 옮김, 갈라파고스, 2007.

오카 마리, 《기억 서사》, 김병구 옮김, 소명출판, 2004.

장 아메리, 《자유죽음》, 김희상 옮김, 산책자, 2010.

주디스 루이스 허먼, 《트라우마》, 최현정 옮김, 열린책들, 2012

질 프라이스·바트 데이비스, 《모든 것을 기억하는 여자》,
배도희 옮김, 북하우스, 2009.

하랄트 바인리히, 《망각의 강 레테: 역사와 문학을 통해 본
망각의 문화사》, 백설자 옮김, 문학동네, 2004.

한병철, 《투명사회》, 김태환 옮김, 문학과지성사, 2014.

호르헤 루이스 보르헤스, 〈기억의 천재 푸네스〉, 《픽션들》,
송병선 옮김, 민음사, 2011.

Andrew Feldmar, 「Entheogens and Psychotherapy환각제와
심리 치료」, Janus Head, 2001.

Audre Lorde, 《The Cancer Journals암 일기》, Aunt Lute
Books, 1980.

Charlotte Delbo, 《Auschwitz et après아우슈비츠 그리고 그
이후》 1~3, Editions de Minuit, 1970.

Cathy Winkler, 〈Rape As Social Murder사회적
살인으로서의 강간〉, 《One Night: Realities of Rape》,
Rowman Altamira, 2002.

Elizabeth S. Parker·Larry Cahill·James L. McGaugh, 「A Case of Unusual Autobiographical Remembering비상한 자서전적 기억의 사례」, Neurocase, Psychologe Press, 2006.

Gina Ross, 《Beyond the Trauma Vortex: The Media's Role in Healing Fear, Terror, and Violence트라우마의 소용돌이 너머: 공포, 테러, 폭력의 치유를 위한 미디어의 역할》, North Atlantic Books, 2003.

Judith Greenberg ed., 《Trauma at Home: After 9/11미국의 트라우마: 9·11 이후》, Bison Books, 2003.

Migael Sherer, 《Still Loved by the Sun: A Rape Survivor's Journal태양의 사랑은 아직 남아 있다: 강간 생존자의 기록》), New York: Simon & Schurster, 1992.

Paul Valery, 《Histoires brisées부서진 이야기들》, Gallimard, 1950.

배반인문학

기 억

초판 1쇄 발행 2017년 8월 28일
개정판 1쇄 발행 2021년 11월 12일

지은이 · 서길완
펴낸이 · 주연선

(주)은행나무
04035 서울특별시 마포구 양화로11길 54
전화 · 02)3143-0651~3 | 팩스 · 02)3143-0654
신고번호 · 제 1997—000168호(1997. 12. 12)
www.ehbook.co.kr
ehbook@ehbook.co.kr

ISBN 979-11-6737-090-7 (04100)
ISBN 979-11-6737-005-1 (세트)